中原工学院学术专著出版基金资助出版

风格理论视阈下的新华体研究

李建波 著

WUHAN UNIVERSITY PRESS
武汉大学出版社

图书在版编目(CIP)数据

风格理论视阈下的新华体研究/李建波著 . —武汉：武汉大学出版社,2023.4

ISBN 978-7-307-23609-7

Ⅰ.风…　Ⅱ.李…　Ⅲ.新闻报道—研究—中国　Ⅳ.G219.2

中国国家版本馆CIP数据核字(2023)第034594号

责任编辑:徐胡乡　　　责任校对:汪欣怡　　　版式设计:马　佳

出版发行:**武汉大学出版社**　（430072　武昌　珞珈山）
　　　　（电子邮箱：cbs22@ whu.edu.cn　网址：www.wdp.com.cn）
印刷:武汉中远印务有限公司
开本:720×1000　1/16　印张:14.5　字数:206千字　插页:1
版次:2023年4月第1版　　2023年4月第1次印刷
ISBN 978-7-307-23609-7　　定价:48.00元

内 容 摘 要

关于新华体的研究，目前多专注于新闻实务的实践层面，尚乏系统而深层次的全方位探讨。本书主要运用风格理论和批评话语分析理论，关注并超越新华体的表达本身，探索其内在的精神本质，挖掘其背后的逻辑动力，努力为新华体的研究作进一步的探索与开拓。

本书采用质化和量化相结合的研究方法，由新闻文本而新闻生产者到社会实践的研究进路，辅以中美新闻通讯社的比较研究布局，力求较为全面、完整而深入地研究新华体这一主要的新闻存在。

本书共分两个部分，六个章节。

第一部分，事实分析，着重讨论新华体的本质与特征问题。

该部分主要运用风格理论，通过质化和量化的分析，揭示新华体的本质，并进一步分析新华体的"本质显现"，即新华体的表征。新华体是新华社在长期的新闻报道中形成的鲜明独特的报道风格，是新华社的精神个性在其新闻报道中的凝聚与体现，其背后折射出的是中国共产党的社会追求精神向度。新华体的表征是：选题重大，材料可靠；立场鲜明；语言准确、简洁；结构规范；以叙述为主。在内容与形式的统一中，新华体呈现出壮美的风格。

第二部分，原因分析，集中探究新华体的成因。

新华体为什么表现出"此"特征，而非"彼"特征？其背后的逻辑动力有哪些？本部分运用批评话语分析理论，从话语实践和社会实践两个向度，探讨新华社的机构特征，探讨这样的特征与新华体之间的互动，讨论我国的政治环境、经济环境、文化环境对新华体的作用。新华体是对新华社机构特征和其所处的社会语境在新闻报道上的建构。

新华体的成因是复杂的，涉及新闻工作、新闻业的内部因素，又涉及一定的社会存在。对于新华体只有立体地观照它，才能最大程度地逼近它的真实面貌。不论是在新民主主义革命时期，还是在社会主义改造和建设时期，新华体的核心特质都起到了应有的积极作用，必须坚守，但也存在一定的历史局限性，具有提升空间。同时，社会与新闻工作在发展，新华体的适度调整势在必然。优化新华体，乃至我国的新闻文风，需要多方面的共同努力与一定的客观条件。

目　　录

第一章　导　　论

第一节　研究缘起、研究意义

一、研究缘起

新华社作为世界五大通讯社之一，我国国家通讯社，党的耳目喉舌，全国"消息总汇"，在我国新闻传播格局中的媒介地位和社会作用十分重要，在国际新闻信息交流的大局中亦拥有独特的媒介地位和不容忽视的社会影响力。中国正处于社会转型期，社会矛盾具有新的特点。同时，当代世界风云变幻，各种社会思潮交织碰撞、此消彼长，新华社在中国的新闻信息传播大局中具有特殊的重要地位，在世界资讯交流与舆论引导中，亦具有重要的社会地位，是重要的新闻信息生产机构和舆论机关。

从历史发展时期看，新华社长期承担中国共产党核心新闻舆论机关功能。首先，形成期。作为中国共产党的新闻舆论机关，新华社的新闻报道风格在革命战争年代形成后，经过 20 世纪 40 年代整风运动，逐渐形成了党的新闻文风，即新华体文风。[①] 其次，发展期。新华体在中华人民共和国成立后的前 30 年，因时而兴盛，在沟通信息、组织发动群众、指导工作等方面发挥了重要作用，取得了强有力的社会传播效果。再次，新时期。改革开放以后，中国共产党的工作重心转为经济建设，实行改革开放国

---

① 陈力丹，黄伟. 从"政治化"到"专业化"——新中国 60 年来新闻文风的演变 [J]. 青年记者，2009(6)：9.

策，大力发展社会主义市场经济。跨世纪前后，多年的改革开放推动中国社会发生巨大变化，国际形势也由以往的美苏两强对峙转为美国一强称霸，而世界力量多元。同时，我国媒介的传播环境也发生了巨大变化。新华体在进步的同时，也遭遇前所未有的社会挑战与媒介挑战。

第一，社会环境。党的中心任务由以政治革命为主转为以经济建设为中心。中国共产党十一届三中全会后，我国实行解放思想、改革开放的基本国策，国家的经济实力日益强大，逐渐开始了计划经济向市场经济的转型。社会主义市场经济下，国家讲求通过政策和市场杠杆引导生产、流通和消费。而在战争年代与社会主义计划经济时代生长成熟的新华体，自然被深深打上了彼时的烙印。在新的形势下，新华体面临着严峻的挑战与冲击。

第二，媒介环境。传播技术的发展带来传媒格局的巨变。随着传播技术的发展，各种新生的媒体层出不穷，从广播电视的普及，到互联网的崛起以及人工智能的应用，我国过去传统媒体一统天下的局面一去不复返。微信、微博、网络直播等新生的传播形态，以丰富多彩的内容资讯、灵活多样的传播方式、生动活泼的形式赢得了广大受众的欢迎和喜爱。

第三，舆论环境。局面变得更加复杂。首先是随着改革开放的深入发展，国外的各种思潮趁机涌入，尤其是苏联解体、东欧剧变后，舆论环境变得更加复杂。其次是价值观多元化。在改革开放的大环境下，人们的价值观变得更加多元，传统的主流价值观受到冲击，舆论引导颇为吃紧。

习近平在"2·19"讲话中强调："党的新闻舆论工作是党的一项重要工作，是治国理政、安国定邦的大事。"①新闻媒体，尤其是诸如新华社这样的主流新闻媒体，在党的新闻舆论工作中承担着重要的职责，做好舆论引导责无旁贷。然而，在新的形势下，新华社原有的新闻观念和工作方式遭遇新的挑战，顺势而变，势在必行。正如习近平2013年8月19日在全国

---

① 新华网评："五个事关"彰显新闻舆论工作的时代价值[EB/OL]. http://www. xinhuanet. com/comments/2016-03/01/c_1118192595. htm.

宣传思想工作会议上指出的那样："今天，宣传思想工作的社会条件已大不一样了，我们有些做法过去有效，现在未必有效；有些过去不合事宜，现在却势在必行；有些过去不可逾越，现在需要突破。'不日新者必日退。'做好宣传思想工作，比以往任何时候都更加需要创新。"①

如何创新？不仅对新华社，对所有党的"喉舌"来说，都是一个复杂、重大而又必须面对的迫切课题。尽管随着党的执政能力的不断提高和我国改革开放的深入发展，新华体的变革一直在推进，但与社会的需求尚有距离，改进新华体仍需继续努力。

二、研究意义

(一)理论意义

对新华体进行系统的理论探讨很有必要。在中国新闻史上，能够名之以"体"的新闻业务活动寥寥可数。与晚清民初的"时务体"相较，新华体不属于新闻言论，而属于新闻报道；不属于新闻同仁，而与执政党息息相关；不属于报刊、广播电台、电视台，而属于新闻通讯社，直切新闻信息生产上游，对中国现当代新闻业乃至中国社会产生了重要的示范、引领等行业功能与社会作用。然而，对如此重要的新闻现象，截至目前，笔者发现尚无系统而深层次的全方位探讨。关于新华体的研究往往专注于它的实践层面或操作层面。新华体固然具有极强的实践性，但是实践性并不能遮盖其身上固有的理论张力。北京大学的费孝通教授曾指出："精神世界作为一种人类特有的东西，在纷繁复杂的社会现象中具有某种决定性的作用；忽视精神世界这个重要的因素，我们就无法真正理解人、人的生活、人的思想、人的感受，也无法理解社会的存在和运行。"②新华体与文体相关，但又直切报道风格，与媒体的精神面貌息息相关。"新华体的精神主

---

① 习近平十八大以来关于"新闻舆论工作"精彩论述摘编[EB/OL]. http：//cpc. people. com. cn/xuexi/n1/2016/0225/c385474-28147905. html.

② 费孝通. 试谈扩展社会学的传统界限[J]. 北京大学学报，2003(3)：7.

体是谁?"这是元问题。脱离开对这个元问题的追问,我们便无法真正地认清新华体,也无法让我们的研究逼近问题的本质。事实上,这也是目前新华体研究的困顿所在。因此,本研究的理论价值就在于超越新华体的表达本身,探索每一个文本表达的背后是怎样的思想观念在起作用,开拓新华体研究的理论视界。

(二)现实意义

一是优化或改进我国主流新闻媒体的新闻生产能力。新华体对我国新闻工作具有广泛影响。因此,中国人民大学的陈力丹教授等认为,经过20世纪40年代延安整风运动,新华体成为党的新闻文风。[①] 探讨新华体目的在于改进我国主流媒体的新闻生产能力,尤其是在当代新媒体迅速崛起,舆论格局发生巨变,传统媒体面临严峻挑战的状况下,该研究的现实意义就更加凸显。iMedia Research(艾媒咨询)数据显示,中国手机新闻客户端2019年上半年用户规模达6.93亿;腾讯新闻、今日头条月活用户数量均超2亿,以绝对领先优势位居行业前列。[②] 传统主流媒体的客户端中只有人民日报进入前10名。由此可见,传播平台并不是决定受众市场份额大小的必然因素,内容才是竞争的核心。无论拥有多么好的平台与渠道,没有好的内容做支撑依然会面临发展的困顿。

传统主流媒体虽然在内容生产上有新媒体无法比拟的资源优势,但是由于客观制约和主观限制,传播效果未尽如人意。一方面,传统主流媒体在我国传媒体系中仍"居于主体地位";另一方面,传统主流媒体现在"难以胜任完全意义上的主流媒体"身份。我国主流媒体发展的"应然"状态和"实然"状态之间存在着明显的反差。发展、丰富、调整新华体,使之顺应时代的发展,不仅是提高新华社竞争力的需要,更是改进我国主流新闻媒

---

① 陈力丹,黄伟.从"政治化"到"专业化"——新中国60年来新闻文风的演变[J].青年记者,2009(6):9.

② 艾媒报告.2019Q1中国手机新闻客户端市场监测报告[EB/OL].http://www.iimedia.cn/c400/64308.html.

体新闻生产能力的需要。

二是增强我国主流新闻媒体与社会变化的互动能力。党的宣传舆论工作在国家治理中作用重大，党中央对此高度重视。习近平强调："我们正在进行具有许多新的历史特点的伟大斗争，面临的挑战和困难前所未有，必须坚持巩固壮大主流思想舆论，弘扬主旋律，传播正能量，激发全社会团结奋进的强大力量。"①然而，随着传播技术的发展，新媒体不断涌现，影响力日益强大，传统的舆论传播和引导格局受到冲击，主流媒体一统主流舆论的格局一去不复返。人民网舆情监测室发布的 2021 年中国互联网舆论场研究报告显示，2021 年互联网舆论场正从"议事厅转向社交广场"，②"热点＋社交"的生态优势让社交媒体成为现今互联网场域内包围圈最大的"议事场"。③ 新形势下，主流媒体建构主流舆论，实现传播的主导性和多样性的有机统一，必须增强与社会的互动，顺势而变、主动而为，强化内容资讯的针对性，采用新技术、搭建新平台、创新报道模式和表达方式等，增强与受众的互动和交流，使宣传舆论工作真正地进入受众的大脑和内心，起到良好的传播效果。

1978 年后，我国的新闻改革不断推进，但不少媒体的报道理念、报道思路等与时代要求和受众的需求存在一定的脱节，应对挑战乏力，有的媒体回避社会矛盾，更有一些媒体以平庸甚至不太健康的内容来取悦受众。该问题是由多种因素综合作用形成的，如管理问题、传承问题、评奖问题、市场竞争问题等，本书着力探讨新华体，意在逼近内因，为我国新闻改革的深入开展提供些许参考。

三是强化我国的新闻传媒，尤其是主流新闻媒体能为社会提供丰富而

---

① "平语"近人——习近平如何指导宣传思想工作［EB/OL］. http://www.xinhuanet.com/politics/2016-02/20/c_128730682.htm.

② 胡正荣，等. 中国新媒体发展报告（2022）［M］. 北京：社会科学文献出版社，2022：87.

③ 胡正荣，等. 中国新媒体发展报告（2022）［M］. 北京：社会科学文献出版社，2022：87.

优质的信息服务能力。尽管目前新媒体蓬勃发展，对新闻资讯的结构不乏拾遗补缺的作用，但是由于在新闻人才、优质信息资源获取等方面较为薄弱，在内容生产上对于传统主流媒体存在明显的依附性，有关资讯的首度生产或二度加工又难免存在空间缺失，甚至存在信息质量低下、庸俗的倾向。新华社作为国家通讯社和全国消息总汇之地，拥有其他媒体无法比拟的技术、渠道、人才和信息资源等优势，新闻生产能力强大，用户广泛，提升其新闻报道质量，不仅可以增强自身的竞争力，同时因其对我国其他传统主流媒体的强大示范作用和带动效应，有利于提升我国整个主流媒体的新闻生产能力，从而增强全社会的信息服务能力。

第二节　文　献　综　述

一、新闻风格研究综述

学术界关于新闻风格（报道风格）有一定的研究，但总体上，广度和深度均有待拓展、深化。已有的研究主要集中在理论和实践两个层面。

（一）新闻风格的理论层面研究

新闻风格的理论层面研究着重探讨新闻风格的本质、特征和影响因素等。学者们一致认为，风格是写作者个性在新闻作品中的体现，通过作品的内容和形式表现出来。① 如洪璟："新闻作品风格是记者写作个性在自己系列作品中的具体体现。"②

学者们认为，风格的形成一般应具备三个标志：独特性、稳定性和公认性。影响风格的因素主要包括两个方面：一是个性。包括传媒个性和记者个性。如学者吴庆棠认为，新闻传媒的个性（个性由三个主要因素构成，

---

① 洪璟. 简论新闻风格[J]. 池州师专学报，2004(10)：129.
② 洪璟. 简论新闻风格[J]. 池州师专学报，2004(10)：129.

即传媒倾向、传媒品质和传媒文风）不同，其新闻报道的风格也不同。① 二
是社会宏观环境。学者周洪林认为，社会宏观环境影响新闻风格。由于历
史、文化、社会等诸多因素的影响，中西新闻文本在长期发展过程中形成
了不同风格。②

以上这些研究虽然涉及新闻风格的元问题，但均为略谈，论证不够
充分。

（二）新闻风格的实践层面研究

该类研究主要探讨实践操作层面的新闻风格问题。比如不同题材、体
裁的新闻风格，新闻的语言风格、标题风格和导语风格等。

一是不同题材的新闻报道风格研究。这类研究从题材的角度探讨不同
领域的新闻报道风格。比如鞠春艳对时政新闻亲民风格的探讨，王岸兵对
经济新闻风格的探讨，潘丽娜对民生新闻风格的探讨，周玉庆对体育新闻
风格的探讨，许佃兵对新时期军事新闻风格的探讨等。这些研究主要是从
技术层面归纳不同题材的新闻报道风格，并没有挖掘题材背后的逻辑动
力，比如时政新闻背后的政治因素等。

二是新闻标题的风格研究。关于标题的风格研究，学者们侧重于历时
纬度的演变探讨。比如周东生认为，标题制作因时代的变迁、社会环境的
变化表现出不同的时代风格。随着中国报业两次重大的变革，新闻标题出
现新气象：外在形式一改过去的精巧、匀称、平直，变为加黑、加大或大
字号通栏；标题以富有竞争性、吸引力为出发点；从重在叙述变为生动表
现；由重概括、反映情况变为重揭示本质及反映问题严重程度，并提出问
题，在标题中常加"？"；以活生生富有个性的事实形成"题眼"；经济报道、
科技报道标题尽量通俗化，增加亲和力；从注重准确表达到更注重审美价

---

①　吴庆棠. 传媒角色论——新闻传媒角色与个性风格［M］. 上海：上海社会科学
院出版社，1999：50.

②　周洪林. 中西新闻文本风格比较［J］. 新闻界，2006（1）：119.

值，让人入目入脑入心；由过去含蓄、典雅，变为形象、朴实、直露；标题风格由过去稳重、讲究文字、短小精巧变为粗犷、写实、跳跃、富有气势。① 这类研究侧重于变化的描述，不探讨促使变化发生的动力。

三是新闻导语的风格研究。这类研究主要从两个方面展开：一是如何把导语写得更好。如赵伟东认为，把新闻导语写好，可以追求运用悬疑之美、对比之美、简约之美、画面之美、幽默之美等美学风格。② 二是导语写作的差异。赵亚丽等认为，中国与西方在主体文化、思维方式、新闻倾向性以及价值判断上的差异，使得中西方导语的写作风格也有所不同。中国偏重概括，西方更注重事实；中国枯燥呆板，西方形象生动；中国繁杂，西方简洁；中国呆板，西方灵活。中国新闻报道具有较强的主观倾向性，西方新闻报道显得较为客观，其倾向性较为隐蔽。③

标题研究、导语研究等都属于文本的局部研究，就新华体的研究任务来看，则缺乏研究的全面布局。

四是新闻语言的风格研究。这类研究主要探讨不同体裁的新闻作品的语言特点。比如周剑明认为，新闻通讯的语言要形象、简练、和谐、朴素、口语化。④ 袁颖等认为，新闻评论的语言是其感召力和生命力的依托，用词要简短精确、生动形象。⑤ 周芸等认为，新闻作品语言风格的形成受多种因素的制约。在报道语体的特定表现形式中，临时嵌入其他语体标记，能够形成特殊的修辞效果，使新闻报道呈现出一定的风格色彩进而影响到新闻报道语言风格的形成。⑥ 将风格固定在语言领域，是风格研究的常规思路之一。但对新华体这样的研究对象来说则存在研究视野难以匹配的问题。

---

① 周东生. 报纸标题风格演变及对策[J]. 新闻记者，2003(9)：41.
② 赵伟东. 谈新闻导语写作的美学风格[J]. 写作，2004(11)：27.
③ 赵亚丽，等. 中西方新闻导语风格特色比较[J]. 新闻知识，2011(12)：95.
④ 周剑明. 新闻通讯语言风格初探[J]. 山西广播电视大学学报，2007(5)：89.
⑤ 袁颖. 新闻评论的价值定位及语言风格[J]. 新闻窗，2014(2)：9.
⑥ 周芸，吴蕾. 从跨体式新闻语言看新闻报道语言风格的形成[J]. 学术探索，2009(8)：134.

综上所述，关于新闻风格的研究，理论的探索较为薄弱，应用性研究稍强，但研究缺乏全面布局，成果零碎分散，偏重于表征的描述，缺少深入的挖掘。

二、新华体的研究综述

新华体是国内对新华社新闻报道风格的概括，国外没有此种说法。但是，国外有学者对它的新闻报道个案进行了研究。在国内，新华体是业界的惯常叫法，对它的理论研究不多，且概念莫衷一是，现象的描述胜于内因的深入挖掘。

（一）国外相关研究现状

国外没有关于新华体的研究，已有的研究文献均为新华社与政治、经济的关系研究。

一是新华社与政党的关系研究。比如 *The New China News Agency：How it Serves the Party*（Gnatius Peng Yao，1963），分析新华社如何服务于中国共产党。

二是新华社与社会经济变化的互动研究。比如 *A Developing Market in News：Xinhua News Agency and Chinese Newspapers*（Xin Xin：Media，2006）；*From the World's Largest Propaganda Machine to a Multipurposed Global News Agency：Factors in and Implications of Xinhua's Transformation Since* 1978，分析了新华社在中国经济由计划到市场转变过程中的变化，认为新华社正从世界最大的宣传机器转变为多元化的世界性通讯社。

三是新华社新闻报道与意识形态的关系研究。比如 *The Global Citizen and the International Media：A Comparative Analysis of CNN and Xinhua's Coverage of the Tibetan Crisi*，（Last Moyo，2010）；*Framing Strategies at Different Stages of a Crisis：Coverage of the'July 5th' Urumqi Event by Xinhua，Reuters，and AP*（Li Zeng，Lijie Zhou，Xigen Li，2015）这些研究探讨了意识形态对新闻报道的影响，但是研究偏重于个案的分析与呈现，缺少整体面

貌的归纳与探究。

(二)国内相关研究现状

迄今为止，没有关于新华体的专著。有关新华社新闻报道的指示、通知、要求和业务指导性文件与讲话等可见于一些文集中，比如穆青的《新闻工作散论》、吴冷西的《论新闻报道》、郭超人的《喉舌论》等。这些著作侧重于新华社业务工作的交流和探讨，属于新闻工作者的工作总结范畴。论文层面，归纳起来，研究内容主要体现在以下四个方面。

1. 新华体的界定研究

新华体的概念界定，众说纷纭。概括起来主要有以下几种：

一是文体说。学者林溪声认为，新华体是我国新闻文体主流范式，是处于嬗变过程中的动态文体。[①] 持该观点的还有学者文有仁、郎志慧等。

经济日报出版社1993年出版的《宣传舆论学大辞典》对"新华体"的释义是："新华通讯社长期报道国内外新闻所形成的一种写作体式。"[②]体式亦指体裁，[③] 与《现代汉语词典》中"文体"词条的释义"文章的体裁"[④]相同。所以，本书把体式说和文体说统归为文体说。

我国最早研究新闻文体的宁树藩先生也认为，新闻文体是指新闻的体裁。

根据上述观点，文体说把新华体认定为一种新闻体裁，但这样的主张很显然忽略了新华体内容上的特性。

二是文风说。陈力丹教授等认为，20世纪40年代，延安整风运动后，中国共产党在新闻文风方面树立了一系列标准，并逐渐形成了以毛泽东为

---

① 林溪声. 审视与反思：新中国新闻文体的多重变奏[J]. 南京社会科学，2010（4）：99.

② 刘建明. 宣传舆论学大辞典[M]. 北京：经济日报出版社，1993：247.

③ 中国社会科学院语言研究所词典编辑室. 现代汉语词典[M]. 北京：商务印书馆，2012：1280.

④ 中国社会科学院语言研究所词典编辑室. 现代汉语词典[M]. 北京：商务印书馆，2012：1364.

代表的"新华体"文风。① 且不论毛泽东能否代表新华体，单就这一论说的主要意思，陈力丹等很显然认为新华体是"新闻文风"。我国学者王伯熙认为，文风其实是指社会文坛上一些带有普遍性、倾向性的文章现象。② 很显然，陈力丹等认为新华体是新闻文风与其观点相吻合。他们都认为，文风即文章风气。然而，这一论断也没能抓住新华体的本质。

以上关于新华体的界定，均是从形式上认识新华体，忽略了其内容特征。内容决定形式，抛开内容，只谈形式，势必难以企及新华体的本质。

2. 新华体的类型研究

此类研究认为新华体主要是指消息的一种风格类型。比如学者齐爱军认为，我国的消息体裁中有一种非常重要的风格类型，即新华体。按照穆青的说法，新华体的主要特点包括：（1）内容是大家普遍关心的重要的最新新闻；（2）事实是大家信得过的，真实、准确、可靠；（3）政治上是正确的，是和中央保持一致的，提倡什么，反对什么，态度非常鲜明。③

这类研究把新华体仅归结为消息的一种风格类型，漠视通讯等体裁，显然有其局限性。

3. 新华体的发展研究

这类研究主要从历时的纬度考察新华体的演变，梳理其演变的轨迹。毛仁兴认为，新华体经历了20世纪三四十年代的"公告式新闻"，五六十年代的英雄模范报道，70年代，特别是"文革"期间被异化，甚至夸大和捏造事实。80年代，提倡写"视觉新闻"和"实录性新闻"。90年代，新华社强调多写有现场感、新鲜感、亲切感的新闻。进入21世纪，强调新闻短、新、实、活、快。

这类研究侧重于研讨新华体在不同历史时期的特征，相对于报道形式，较少涉及报道内容。而新华体应该是内容与形式的综合表现，尚需要

---

① 陈力丹，黄伟. 从"政治化"到"专业化"——新中国60年来新闻文风的演变[J]. 青年记者，2009(6)：9.

② 王伯熙. 文风简论[M]. 北京：中国社会科学出版社，1979：5.

③ 齐爱军. 新闻文体发展演变的动力机制探讨[J]. 新闻界，2006(4)：11.

更为深入的研究。

4. 新华体的缺陷研究

新华体的缺陷研究主要关注的是新华体结构、语言、表达方式等方面的不足。认为新华体叙述结构程序化程度偏高，语言缺少文采，大话、空话、套话、公文化现象严重，掺杂议论，给人枯燥、呆板、高高在上的感觉。王君超认为，新华体的"弊端"主要有标题过于简单，缺少文采；有的稿件口气生硬、主观，掺杂着记者的议论；稿件中堆砌数字的现象严重，读来味同嚼蜡；一些稿件内容空洞、结构凌乱。①

总体来看，一些研究对新华体以否定为主，认为新华体僵硬、刻板，不具有新闻报道的生动性，但这类研究忽视新华体的特征及其不足的内在成因，并不利于客观认识新华体。

5. 新华体改革创新研究

新华体的改革创新研究主要集中于原新华社社长穆青的新闻理念创新和新华社名记者郭玲春的新闻实践创新。穆青倡导写"散文式新闻"，郭玲春对这一理论进行了积极的实践。研究认为，穆青对新华体的改革不仅涉及形式，而且直指其内在逻辑结构，是革命性的。② "散文式新闻"与20世纪80年代穆青提出的"视觉新闻""实录性新闻"一起，被合称为"三论"。"三论"是对新华体的改革创新。由于新华社在中国新闻界的行业示范性作用，新华体的改革带动了整个中国新闻文体的革新。

郭玲春从实践角度对穆青的理论进行注解。她以会议新闻为改革的突破口，尝试用散文的笔法写作新闻，其创新作品《金山追悼会在京举行》，文采飞扬，获得好评。但是，郭玲春对新华体的改革着力于形式的探讨而忽视了内容，忽视了报道主体，忽视了时代，将新华体引向了逼仄的发展道路。刘宏认为："她的笔法变革对当时的新闻报道有正负两面影响。正面是，引起了对新闻写作模式的一系列突破。负面是，使很多人忽略了新

---

① 王君超. 是耶非耶新华体[J]. 报刊之友，2002(4)：5.

② 徐人仲，李年贵. 穆青新闻作品研讨文集[M]. 北京：新华出版社，1998：240.

闻内容，也就是说，过于看重形式和技巧，造成了一定程度上的唯美主义倾向。"①总体来看，关于新华体的改革创新研讨，大体上止于修辞、文体等形式层面，未真正触及新闻报道内容、报道主体等关键性要素，如新华体与党性、人民利益、公共利益之间的关系，新华社编辑部与新华体的关系，中国社会主义建设得失与新华体的关系等。而触及如此层面，显然是需要时代契机的。

以上研究为新华体的探讨奠定了基础，但是不足之处也显而易见。首先，关于什么是新华体这个根本性问题，至今没有统一的、公认的说法，众说纷纭，且相当混乱。同时，缺少全面、系统而深入的探讨，论述不充分。其次，研究成果分散而零碎，缺少深入系统的挖掘。再次，大多数研究仅限于个案分析或表象的描述，缺乏与新闻业和社会相结合研究，就事论事，这样既难以看到新华体的复杂性，也容易走上研究的简单化，甚至情绪化、片面化方向。而美化或妖魔化新华体都妨碍了研究的科学性。这些都为本书提出了努力方向，也是本书的意义与创新所在。

第三节　研究的创新点与难点

一、研究的创新点

(一)研究内容具有开创性

已有的关于新华体的研究专注于具体操作层面，缺乏理论上的深入探究，尤其是对新华体是什么这个元问题缺乏追问，而这是深化新华体研究的关键。同时，现有研究对新华体的成因也缺乏媒体性质和社会动因的探究，研究深度不足，而这是推进我党新闻文风改革的重要一环，其意义不可小觑。本书将专注于这个基础性问题的研究，从理论层面探究新华体内

---

① 刘宏. 媒介理念质疑[J]. 新闻记者，2001(11)：44.

容与形式背后的思想观念与精神特征，解决新华体的本质问题，探究新华体与新华社、社会的关系，推进新华体研究的系统化和深入化。

（二）研究视角具有独特性

风格理论专注于事物的整体关键问题探讨，把新华体置于风格理论视阈下进行观照，有助于把握新华体的要害和多维度考察新华体。同时，新华体是具有典型性的研究客体，但已有的研究偏重于形式研究与个案分析，鲜有从风格理论视角进行理论探讨，这也是本研究视角上的独创性。

二、研究的难点

（一）把握新华体的关键不易

首先，目前关于新华体的本质认识虽然多样，但理论深度不足。业界和理论界对新华体的讨论往往着眼于外在表现，且以否定为主导，情绪化判断、经验性判断色彩浓郁，其间以为新华体为文体者，有之；为文风者，亦有之……凡此种种。结合新华体的内容以及与此相关的内容来源进行研究，或对生产者的研究则是匮乏的。

其次，把握新华体易陷入单一维度，缺乏全局观。把握新华体要从作品、主体、客体等各个角度进行全方位考察，但何主何次，主次难以分明，主要矛盾尚未清晰。

再次，对新华体进行系统深入的理论分析，探究其本质内涵不易。浅尝辄止易，深入探讨难，探究事物的本质需要从纷繁的现象中，分析提炼出内在规律，这是一个由表及里、去粗取精，从感性到理性的认识过程。

（二）论述新华体与社会，尤其是与政治的关系，事实判断完整准确而不情绪化是个考验，同时分寸也不易把握

科学社会主义理论不断完善、丰富的实际要求对新华体研究构成研究难点。社会主义是人类社会从未有过的新事物，早在 19 世纪 80 年代，马

克思在回答俄国的查苏利奇提问时就提出了著名的卡夫丁峡谷（Furcae Caudinae）问题。社会主义发展道路的艰难探索与新华体的研究是密切相关的。作为社会主义中国的国家新闻通讯社，关于新华社之新华体的研究与科学社会主义的研究是息息相关的。毫无疑义，科学社会主义研究的进步有益于新华体的研究。在科学社会主义理论的背景中讨论新华体，存在着新华体及其生产主体新华社与执政党、人民之间的良性关系问题。新华体与执政党的关系、与公众的关系处于向更好的方向发展当中，其间不乏未尽如人意之处，尚需磨合。而关于新华体的研究必须充分考虑马克思主义新闻观的要求及在此基础上对社会发展规律、主流新闻媒体发展规律的实事求是的探讨。显然，把握好新华体研究的学术边界是不容易的。

（三）获取美联社的一手材料较为不易

为了强化研究的深度与学术性，本书采用比较研究方法。在比较研究方法的使用上，重点将国家综合实力相近、世界上新闻业最为发达的美国与中国比较，如将中国的新华社与美国的美联社进行比较，以美联社为背景来突出新华社的新华体。但因条件限制，获取美联社记者、编辑工作谈等深层次、系统报道的一手材料缺乏稳定的来源。

（四）防止研究的简单化不易

所谓研究的简单化，主要是指研究的片面性。其主要表现是对新华体的神化或妖魔化。有的研究立足维护、诠释的立场，以肯定为主；有的研究立足于找毛病、贬斥的立场，以否定为主。显然，作为一种新闻工作现象，新华体既有贡献，也有缺陷，这有其历史的局限性和现实的必然性。孤立地讨论新华体，而不是全面分析，研究就容易出现片面性，也无益于新华社与我国整体新闻工作的改进，无益于社会主义中国的建设大业。因此，全面、理性地分析新华体的得失，有助于相关研究的推进，增进其结论的可靠性。

第四节 研究思路与研究方法

一、研究思路

本书主要对新华体做理论上的探讨，解决"新华体是什么""为什么是"的问题。依据英国学者诺曼·费尔克拉夫（Norman Fairclough）的批评话语分析理论中的文本分析、话语实践、社会实践与研究对象之间的关系形成本书的研究思路。其中，事实判断为文本分析，原因判断由话语实践、社会实践，即新华体的话语生产者（内部语境）分析与社会实践（社会语境）分析组成。研究思路概括起来包括两个部分：

第一部分：新华体是什么？即事实判断部分。在该部分，本书将依据风格理论以及对文献的阅读、分析和总结概括，由表及里、由现象到本质，对新华体的性质予以判断。具体做法：首先，对新华体的概念进行界定。其次，以质化研究和量化研究相结合、相互印证为基本路径，运用内容分析法和比较研究法，通过事实判断，论述新华体的基本特征。

第二部分：为什么是？即原因判断部分。本部分将着力探究新华体基本特征形成的内在动因，解决"为什么是"的问题。具体做法：运用批评话语分析理论和风格理论，通过影响新华体形成的内部语境（新华社）和外部语境（社会）的分析，揭示隐藏在新华社新闻文本背后的思想意识和社会因素。新华社的机构属性、功能定位，我国的新闻观以及政治、经济和文化环境决定着新华体的表征。本书研究思路如图1-1所示。

二、研究方法

（一）文献研究法

文献研究法又称文献阅读法，是通过搜集、鉴别、整理文献，并通过

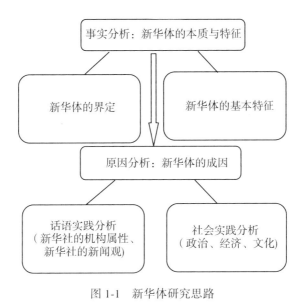

图 1-1　新华体研究思路

对文献的研究形成对事实的科学认识的方法。①

(二)内容分析法

内容分析法是对传播内容进行客观、系统的定量描述的一种研究方法。其研究对象是明示的、可见可听的文本材料，分析结果是找出各变量之间的相关性。该研究方法由美国传播学者伯纳德·贝雷尔森(Bernard Berelson) 1952 年首次系统论述。作为一种实证研究方法，内容分析法具有规范的操作步骤：(1)提出所研究的问题或假设；(2)选择具体的媒体和案例并抽样，如某段时间的报纸；(3)确定分析单位，如字、词、旋律等；(4)确定分析的类目及其量化系统，如某词的出现频率；(5)制定编码表；(6)进行预试，检验

---

① 童兵，陈绚. 新闻传播学大辞典［M］. 北京：中国大百科全书出版社，2014：165.

编码表的可靠性；（7）数据的准备和分析；（8）解释结论。[1]

（三）比较研究法

比较研究法，是通过不同国家、地区的两个或两个以上的事物或对象的比较，以找出它们之间异同的一种分析方法。[2] 比较研究法的关键是跨文化研究。这种研究方法可以帮助人们更好地认识事物的本质，把握事物的发展规律。把握新华体精神，除了对它自身进行观察外，从他者角度进行观照，也是非常重要的思维方法。为了更加深入地认识新华体及其精神，本研究通过新华社与美联社的文本特征比较，从内容与形式两个方面进一步揭示新华体的特征。

第五节　理 论 来 源

一、风格理论

风格理论，是关于文章采写的风格的基本原理、重要方法、具体技巧的系统理论归纳。风格理论源远流长。

（一）中西方风格理论研究

1. 中国的风格理论研究

东晋葛洪的《抱朴子》已提到"风格"一词，其《疾谬》篇云："以倾倚申脚者为妖妍标秀，以风格端严者为田舍朴马矣。"这里的"风格"指的是人的风度品格。梁朝刘勰的《文心雕龙》是中国古代风格理论的高峰之一，在《体性》篇中，刘勰所说的"体"，指的即是风格。[3] 尽管刘勰将风格概括为

---

① 童兵，陈绚. 新闻传播学大辞典［M］. 北京：中国大百科全书出版社，2014：144.

② 林聚任，刘玉安. 社会科学研究方法［M］. 济南：山东人民出版社，2008：38.

③ 詹瑛.《文心雕龙》的风格学［M］. 北京：人民文学出版社，1982：4.

典雅、远奥等"八体"，但终又二分为偏向阳刚的"风骨"与偏向阴柔的"隐秀"两大类。①《文心雕龙》最先将风格概念引进文艺理论和文章批评，将我国的诗歌、散文等文艺创作推向新的高峰。唐宋期间具有独特风格的作家相继涌现，文学流派异彩纷呈，为文艺风格、文章风格研究提供了丰厚的现实基础，如唐代释皎然在《诗式》中把风格分为十四种类型，司空图《诗品》又进一步发展，把风格概括为雄浑、冲淡等二十四个品目。② 至宋代，文艺批评家在评论词风时，提到"豪放"与"婉约"两派，实质上是把风格分为刚柔两种类型。清代姚鼐是风格刚柔之分的集大成者，在《海愚诗钞序》和《复鲁絜非书》中，姚鼐从审美的高度把风格划分为阳刚与阴柔两大基本类型。我国现代语言学家高明凯在《语言风格学的内容和任务》中提出："风格是语言在特殊的交际场合中为着适应特殊的交际目的而形成的言语气氛或格调及其表达手段。"③我国现代文艺理论家王之望在《文学风格论》中提出风格是内容与形式、主体与客体的辩证统一。④ 北京师范大学的童庆炳教授认为，风格从根本上说是与创作者的个性相关的东西，"是作为成熟的创作个性在作品内容与形式相统一中按下的印记"。⑤

　　关于风格的论述，我国在清代以前的中国古代文论主要从文章实用的立场加以论述，偏向感悟而不是系统论述。近现代的风格理论来自西方文论。

　　2. 西方的风格理论研究

　　在西方，"风格"（Style）一词源自希腊文，本意是指一个长度大于厚度的不变的直线体，所以有人译为"石柱""木堆"，后来风格被引申为能写能画的一柄金属刻刀，译为技巧、手法。西方关于风格现象的研究源远流长。就已知文献来看，在西方社会，古希腊哲学家亚里士多德（Aristotle）

---

①　詹瑛.《文心雕龙》的风格学[M].北京：人民文学出版社，1982：95.

②　王之望. 文学风格论[M]. 成都：四川文艺出版社，1986：137.

③　王力，等. 语言学论丛（第4辑）[M]. 上海：上海教育出版社，1960：180.

④　王之望. 文学风格论[M]. 成都：四川文艺出版社，1986：149.

⑤　童庆炳. 文体与文体的创造[M]. 昆明：云南人民出版社，1994：23.

最早讨论语言风格，但主要着重于语言修辞功能的研讨。古罗马时期的美学家朗吉弩斯(Longinus)在他的美学名著《论崇高》里，将风格一词引入美学范畴进行讨论，并由此形成美学、文艺学与语言学的两大学科走向。首先，美学、文艺学学科对风格现象的理论探讨。18世纪中叶，启蒙主义时期的法国博物学家、文学家布封(Buffon)在《论风格》中，第一次比较系统地论述了文学的风格问题，提出"风格却是本人"的著名观点，对后世产生了深远影响，为文学艺术的风格学奠定了坚实基础。后来的文艺理论家和美学家继承布封的学说，拓展了风格的研究。其中，以生活在18世纪后期至19世纪30年代的著名德国古典哲学家黑格尔(Hegel)最为突出。黑格尔在《美学》第一卷、第三卷的有关章节中对风格进行了专门论述，深化了美学领域的风格研究。近几十年来，在哲学、美学、心理学、文艺学的现代主义思潮和现代主义创作实践的推动下，西方的风格学又有新的发展。其次，语言学学科对风格现象的理论探讨。语言学对风格现象的讨论有两个方面：一是传统修辞学。古罗马的西塞罗(公元前106—前43年)、昆提利安(公元35—95年)等研究修辞手段的运用，推动修辞学成为西欧各国学校中与文法逻辑并列的必修课。二是现代语言学。现代语言学讨论风格现象着重于当代语言实例的收集、记录与审辨，从而与传统修辞学的重古文范例有别，并被称作广义风格学。现代语言学研究语言风格现象是从语言和言语的区别理论发展起来的，将研究范围由书面语扩大到口语，强调语言的交流作用与变异，既注重文体又注重语言使用主体的个性特征。现代语言学讨论语言风格现象形成了若干流派，如以C.巴利为首的法国学派(着重研究全民语言中的语音、词汇与句法手段的表现力)，以L.施皮策为代表的德国学派(着重研究作者语言特点中积淀的心理因素)，影响更大的是以韩礼德为代表的英国学派，即功能主义语言学学说对语言风格的讨论，强调表达主体个性与风格的关系，强调语境与风格的互动，并由此与批评话语理论对接。

纵观中西，风格理论源远流长并处在成长期，新闻传播学与风格理论资源之间的互动也仍处在萌生阶段。

（二）风格理论主要探讨的向度

1. 风格的性质

一是作品说，认为风格主要是作品的综合凝聚与表现，是作品内容与形式的统一。东汉王充《论衡·超奇》指出："实诚在胸臆，文墨著竹帛，内外表里，自相副称。意奋而笔纵，故文见实露也。"刘勰的《文心雕龙·体性》篇说："夫情动而言行，理发而文见，盖沿隐以至显，因内而符外者也。"朗吉弩斯提出的"崇高"风格的五个条件，前两条属于思想和情感范围的内容部分，后三条则包括运用藻饰的技巧、高雅的措辞和堂皇的结构。俄国文艺批评家别林斯基（Belinsky）在谈到俄国作家莱蒙托夫（Lermontov）的创作时，也指出他能够把思想和形式密切融会起来，否则，便不会有莱蒙托夫式的"文体"。我国现代文论家以群主编的《文学的基本原理》指出，文学艺术上风格的概念，是指文艺创作所表现出来的特色，"这种特色是从文学作品的内容与形式、思想与艺术的统一中显示出来的"。我国现代文艺理论家蔡仪的表述更简练些："一部作品相当完整，它的由内容到形式的特点的有机体现，即形成作品的风格。"①

二是作者说，认为风格主要是作者综合素养的集中表现。法国博物学家、文学家布封在《论风格》中提出"风格却是本人"。他指出："只有写得好的作品才是能够传世的：作品里面所包含的知识之多，事实之奇，乃至发现之新颖，都不能成为不朽的确实保证；如果包含这些知识、事实与发现的作品只谈论些琐屑对象，如果他们写得无风致，无天才，毫不高雅，那么，它们就会是湮没无闻的，因为，知识、事实与发现都很容易脱离作品而转入别人手里，它们经更巧妙的手笔一写，甚至于会比原作还要出色些哩。这些东西都是身外物，风格却是本人。"②布封依据风格的内在因素提出问题，抓住了风格的特质。黑格尔和马克思继承了布封对风格的观

---

① 蔡仪. 蔡仪文集 8[M]. 北京：中国文联出版社，2002：254.
② 布封. 论风格[J]. 译文，1957(9)：23.

点，分别提出"个性"和"精神个体性"。黑格尔说："风格一般指的是个别艺术家在表现方式和笔调曲折等方面完全见出它的个性的一般特点。"①马克思说："真理是普遍的，它不属于我一个人，而为大家所有，真理占有我，而不是我占有真理。我只有构成我的精神个体性的形式。'风格就是人。'可是实际情形怎样呢？法律允许我写作，但是我不应当用自己的风格去写，而应当用另一种风格去写。我有权利表露自己的精神面貌，但首先应当给它一种指定的表现形式！"②英国诗人、文学评论家科勒律治在《关于风格》一文里，也认为真正伟大的风格必须有巨大的思想力。③

三是流派说，指风格主要是文学流派的追求的集中表现，而不仅限于个人。如我国现代文艺理论家王朝闻主编的《美学概论》一书提出风格类型就是艺术流派。

2. 风格的分类

一是二分法。刘勰在《文心雕龙》中从更大范围上把风格分为"风骨"和"隐秀"。其中"风骨"指的是刚性之美，"隐秀"指的是阴柔之美。④ 清代姚鼐是风格二分法的集大成者，在《惜抱轩选文集》卷六《复鲁絜非书》中将风格分为两类：一为阳刚；二为阴柔。"文者，天地之精英，而阴阳刚柔之发也。……其得于阳与刚之美者，则其文如霆，如电，如长风之出谷，如崇山峻崖，如决大川，如奔骐骥；其光也，如杲日，如火，如金镠铁；其于人也，如凭高视远，如君而朝万众，如鼓万勇士而战之。其得于阴与柔之美者，则其文如升初日，如清风，如云，如霞，如烟，如幽林曲涧，如沦，如漾，如珠玉之辉，如鸿鹄之鸣而入寥廓。其于人也，漻乎其如叹，邈乎其如有思，暖乎其如喜，愀乎其如悲。观其文，讽其音，则为文者之

① ［德］黑格尔. 美学（第一卷）［M］. 朱光潜，译. 北京：人民文学出版社，1958：360.
② 马克思. 评普鲁士最近的书报检查令，马克思恩格斯全集（第1卷）［M］. 北京：人民出版社，1995：7.
③ ［德］歌德，等. 文学风格论［M］. 王元化，译. 上海：上海译文出版社，1982：29.
④ 詹瑛. 刘勰与《文心雕龙》［M］. 北京：中华书局，1980：60-64.

性情形状，举以殊焉。"北京师范大学童庆炳教授在《文体与文体的创造》一书中认为，姚鼐的风格二分法与瑞典科学家林奈（Linnaeus）的分类法不谋而合，与格式塔心理学的"异构同质"论也十分相似。

二是八分法。刘勰的《文心雕龙·体性》篇将文章的风格分为典雅、远奥、精约、显附、繁缛、壮丽、新奇、轻靡共"八体"，这种分类方法对后世产生了深远的影响。

风格的分类除了以上两种方法外，还有很多。比如古希腊的演说家狄米椎耶斯（Demetrius De Elocutione）的四分法、我国释皎然的十四分法和司空图的二十四分法等。但二分法与八分法两种分类方法在我国文论和批评史上是风格分类的主流派，它们并行发展，交互影响。

本研究主要运用风格的性质理论探讨新华社新闻报道的内容和形式，以及新闻文本的特征与新闻报道主体和语境的互动关系，并应用风格理论的二分法为新华体归类。

二、批评话语分析

批评话语分析（Critical Discourse Analysis）这一说法是由诺曼·费尔克拉夫（Norman Fairclough）提出的。1992 年，他在《话语与社会变迁》（*Language and Social Change*）一书中根据话语分析方法对于话语的社会指向的性质不同，把话语分析方法分为两组：非批判的（non-critical）方法和批判的（critical）方法。费尔克拉夫指出，批判的话语分析方法与非批判的话语分析方法的不同在于：不仅描述话语实践，还揭示话语实践背后的意识形态和权力关系。[①]

批评话语分析旨在揭示话语与意识形态的关系，源头为批判语言学。[②]批判语言学以韩礼德（Halliday）的系统功能语言学为理论渊源，旨在揭示

---

① ［英］诺曼·费尔克拉夫. 话语与社会变迁［M］. 殷晓蓉，译. 北京：华夏出版社，2003：12.

② ［英］诺曼·费尔克拉夫. 话语与社会变迁［M］. 殷晓蓉，译. 北京：华夏出版社，2003：12.

话语与权力和意识形态的关系。其哲学基础是法兰克福学派（Frankfurt School）所倡导的批判性社会理论。该理论认为，意识形态控制和支配人们的心理，从而阻碍人的自我解放。当代工业社会中的报刊、电视等是意识形态国家机器，是为现存社会对人的控制和操纵作辩护的，必须批判。1979 年，英国语言学家罗杰·福勒（Roger Fowler）、甘瑟·克雷斯（Gunther Kress）等在《语言与控制》（*Language and Control*）一书中首次提出批判语言学这一概念。① 之后，批评话语分析在语言学领域迅速发展，并从社会学、政治学、传播学、符号学等学科领域汲取营养，发展了各种分析理论和方法。

批评话语分析理论认为，话语是社会权利关系生成和再现的场所，是社会和文化再现和变化的场所；话语参与意识形态的工作，话语结构呈现、强化和再生社会中的权力与操纵关系，并使其合理化或对其进行质疑；话语是历史的，应被放置在语境中进行考察；话语构造社会结构，也被社会所构造。

英国语言学家罗杰·福勒、甘瑟·克雷斯、诺曼·费尔克拉夫，荷兰语言学家梵·迪克（Teun A Van Dijk）等学者是批评话语分析的著名代表。

本研究主要运用梵·迪克新闻话语分析的观点和费尔克拉夫话语分析的三个向度。梵·迪克认为，"新闻话语也是意识形态的话语，它必然表达和确认其制作者的社会和政治态度"。② "说话人实践着他所属团体的范式和价值体系、利益、权力关系和意识形态"。③ 费尔克拉夫把话语分析置于社会语境中分析，提出话语分析的三个向度，即文本向度、话语实践向度和社会实践向度。通过这三个向度的分析，揭示语言、权力和社会语境的关系。

---

① 陈中竺. 批评语言学述评[J]. 外语教学研究，1995(1)：21.
② [荷]托伊恩. A. 梵·迪克. 作为话语的新闻[M]. 曾庆香，译. 北京：华夏出版社，2003：2.
③ [荷]托伊恩. A. 梵·迪克. 作为话语的新闻[M]. 曾庆香，译. 北京：华夏出版社，2003：114.

第六节　新华体界定

通过对现有研究分析，可见现有研究对新华体的界定分歧颇大，而完整准确地界定新华体，是系统、深入探讨新华体的前提。

一、现有的两种新华体概念辨析

目前，对新华体内涵的理解主要存在以下两种说法：文体说和文风说。下面，逐一辨析。

（一）文体说

此说认为，新华体是一种新闻文体，是我国新闻界在长期的新闻实践中形成的有中国特色的共同的新闻写作体式。持有该观点的学者主要有刘建明、林溪声、文有仁等。

刘建明主编的《宣传舆论学大辞典》对"新华体"的释义是："新华通讯社长期报道国内外新闻所形成的一种写作体式。新华体的公认特点是：消息简洁，文字精练、准确，篇幅短小；善于用事实解释事实，很少空发议论；层次清晰，尽量做到一个事实一段，消息中段落过渡自然；稳健中见权威，该快则快，该慢则慢，注重通稿的信誉；善于抓大问题、关键性问题，重大事件的报道多有令人耳目一新的角度，主题开掘深刻。"[1]

2010年，林溪声在《审视与反思：新中国新闻文体的多重变奏》中提出："新华体是我国新闻文体主流范式，是处于嬗变过程中的动态文体。"[2]

新闻文体是否为新华体的内涵，还需要对"文体"概念进行梳理。

"文体"一词，与西方的"style"一词，意思都非常丰富且含混。西方的"style"一词语义丰富，同时含有相当于汉语中的"修辞""风格""文体""笔

[1]　刘建明. 宣传舆论学大辞典[M]. 北京：经济日报出版社，1993：247.

[2]　林溪声. 审视与反思：新中国新闻文体的多重变奏[J]. 南京社会科学，2010（4）：99.

调""文风"等多个意思。相反，"文体"在我国古文论中是一义多词，分别指"体""体制""类""体裁"等。《尚书·毕命》篇将"辞尚体要"与"政贵有恒"放在同等重要的位置。《墨子·大取》云："立辞而不明其类，则必困矣。"①《尚书》《墨子》的论述涉及我国文体论的起源。在中国的古代文论中，"文体"一词含义丰富，可分三个层次：第一个层次指体裁的规范。②刘勰在《文心雕龙·附会》篇说："夫才童学文，宜正体制，必以情志为神明，事义为骨髓，辞采为肌肤，宫商为声气。"明代徐师曾在《文体明辨序说》中说："夫文章之体裁，犹宫室之有制度，器皿之有法式也。为堂必敞，为室必奥，为台必四方而高，为楼必狭而修曲，为笆必圜，为簏必方。为簋必外方而内圜，为簠必外圜而内方，夫固各有当也。苟且制度法式，而率意为之，其不见笑于识者鲜矣，况文章乎!"以上论述均说明作文要有必要的规范。第二个层次指语体的创造。③《周礼·春官》写道："太师教六诗：曰风、曰赋、曰比、曰兴、曰雅、曰颂。"一般说来，风、雅、颂是中国上古诗歌汇集在《诗经》中的三种体裁；赋、比、兴是诗的表现手法，可以说是由不同的修辞手段所形成的不同语体。④ 第三个层次指对于风格的追求。⑤ 最早把作家的创作个性与艺术风格联系起来的是孟子。他在《万章》篇中说："诵其诗，读其书，不知其人，可乎?"显然，孟子的意思是要把作品与作家的思想联系起来考虑，蕴含"风格"要素，对后代产生了深远的影响。之后，刘勰在《文心雕龙·体性》篇中提出了"八体说"。上述古文论中关于文体的三个层面的论述是相互联系的。体裁制约语体，语体发展成熟转化为风格。⑥

　　西方的"style"负载了较多的含义。据 19 世纪德国语言文学家、文艺理

①　郭绍虞. 中国文学批评史[M]. 上海：上海古籍出版社，1979：13.
②　童庆炳. 文体与文体的创造[M]. 昆明：云南出版社，1994：10.
③　童庆炳. 文体与文体的创造[M]. 昆明：云南出版社，1994：22.
④　童庆炳. 文体与文体的创造[M]. 昆明：云南出版社，1994：24.
⑤　童庆炳. 文体与文体的创造[M]. 昆明：云南出版社，1994：30.
⑥　童庆炳. 文体与文体的创造[M]. 昆明：云南出版社，1994：39.

论家威廉·威克纳格（Williams Wiegand）考证，"style"源自希腊文 ocuoλs，意指一个长度大于厚度的不变的直线体，译为"石柱""木堆"，后来被引申为能写能画的一柄金属刻刀。ocuoλs 一词由希腊文传入拉丁文，再由拉丁文传入德文、英文等。拉丁文"stilus"、德文"stiel"和英文"style"在词源、词意上都和希腊文 ocuoλs 相符，其意均来自"刻刀"的含义。法国的布封在《论风格》中指出风格是用来刻画思想的，其中"刻画"一词的意义与雕刻刀是有关联的。童庆炳教授认为把"style"翻译为"风格"是正确的。同时，他认为"style"也可译为"修辞、文体、语体"。① 在作"文体"之意时，"style"专指"文学的语言特性"。② 因此，广义的文体一般是指不同的人在不同的语境中运用不同的语言习惯和语言体式。③ 狭义的文体是文学的文体，主要指不同作家笔下的不同语言体式而形成的文体风格。④

　　总体来看，不论是我国还是西方，文体都具有丰富的含义。我国现代文体学对文体的确认基本上是接受了西方的观点。⑤ 狭义的文体专指文章的体裁。广义的文体是指"一定的话语秩序所形成的文本体式，它折射出作家、批评家独特的精神结构、体验方式、思维方式和其他社会历史、文化精神"。⑥ 由此可见，在现代语境下，文体作为文章的形式，属于"怎么写"，即文章的形式范畴。

　　新华体事涉多元，要素众多，仅止于文章的形式层面是无法把握其要害的。同时，有关研究也未将新华体仅止于文章形式。陈力丹认为新华体的特点是"真实、简洁、尖锐、泼辣、生动、活泼"⑦，刘建明主编的《宣传舆论学大辞典》认为新华体"消息简洁，文字精练、准确，篇幅短小；善

---

① 童庆炳. 文体与文体的创造[M]. 昆明：云南出版社，1994：52.
② 童庆炳. 文体与文体的创造[M]. 昆明：云南出版社，1994：52.
③ 童庆炳. 文体与文体的创造[M]. 昆明：云南出版社，1994：63.
④ 童庆炳. 文体与文体的创造[M]. 昆明：云南出版社，1994：65.
⑤ 谢延秀. 论文体的划分与发展[J]. 理论导刊，2008(3)：124.
⑥ 童庆炳. 文体与文体的创造[M]. 昆明：云南出版社，1994：1.
⑦ 陈力丹，黄伟. 从"政治化"到"专业化"——新中国 60 年来新闻文风的演变[J]. 青年记者，2009(6)：9.

于用事实解释事实，很少空发议论……善于抓大问题、关键性问题"。① 依据文体理论衡量，这些论述要求在讨论新华体的特点时，既有形式维度，又不止于形式维度，都涉及了新华社新闻报道的内容特征。而这一点，是现代语境下的文体概念涵盖不了的。

（二）文风说

持有这种观点的主要有陈力丹教授等。陈力丹等认为，20 世纪 40 年代，中国共产党在新闻文风方面树立了一系列标准，并逐渐形成了新华体文风。② 在这里，陈力丹等把"新华体"作为一种文风，认为这种文风具有"真实、实在、简洁、明了、尖锐、泼辣、生动、活泼"等特点。1958 年，毛泽东指出，文章应有三种性质，即准确性、鲜明性和生动性。③ 有学者认为再加上"简练"，便成为中国共产党优良文风的基本特征。④ 以上看法，强调的是文章、作品层面。所谓文风，学术界普遍认为是文章的风气，⑤或延伸为一定时代的文章风貌的总表现，是不同于风格的。⑥ 那么，"文风"是不是新华体的本质内涵呢？梳理文风的词源有助于准确把握该术语。

"文风"一词在我国文献记载中最早出现的时间是在南北朝。梁朝刘勰在《文心雕龙·风骨篇》中说："结言端直，则文骨成焉；义气骏爽，则文风生焉。"意即：文章的词句和篇章结构端直，则文章的骨架就构成了；文章的思想气质骏爽，则文章的感染力就产生了。他把"文骨"和"文风"对称，指的是文章激动人、感化人的力量。

把"风"的概念和文章联系起来，是古人在论及文章现象时所用的一种比喻手法。先秦时期，"风"是指文体，比如"国风"。后来，根据"国风"

① 刘建明. 宣传舆论学大辞典[M]. 北京：经济日报出版社，1993：247.
② 陈力丹，黄伟. 从"政治化"到"专业化"——新中国 60 年来新闻文风的演变[J]. 青年记者，2009(6)：9.
③ 毛泽东. 毛泽东文集(第七卷)[M]. 北京：人民出版社，1999：346.
④ 朱伯石. 写作概论[M]. 武汉：湖北教育出版社，1983：138.
⑤ 朱伯石. 写作概论[M]. 武汉：湖北教育出版社，1983：138.
⑥ 刘锡庆，朱金顺. 写作通论[M]. 北京：北京出版社，1983：275-276.

的教育意义，把"风"引申为讽喻和教化。《毛诗序》中有"风，风（即讽）也，教也……上以风化下，下以风刺上"。显然，"风"作为文章写作的术语，又产生了"文章感染力"等引申意义。

引申义尽管很多，但"风"的基本意义仍然是作为自然现象的空气流动形成的"风"。"文风"的含义正是在"风"这一基本意义的基础上形成的。

较早把社会上像风的流动一样普遍流行的文章现象称为"风"的是东汉的王充。在《论衡·自纪篇》中，王充说他作书的目的之一，就是要"没华虚之文，存敦庞之朴；拨流失之风，反宓戏之俗"。所谓"流失之风"，正是指汉代以赋颂和谶纬神学为代表的侈丽妄诞、流荡失实的文风。用"风"来喻指社会上普遍流行的文章现象，是很形象的。学者王伯熙认为，文风其实是指社会文坛上一些带有普遍性、倾向性的文章现象。① 由此考察新华体，新华体虽然在 20 世纪 40 年代"新闻战线"上的争论后成为了我们党的新闻文风，但是，新华体不是文风本身。

以上论点从不同的角度观察和提出问题，分别根据写作体式和文坛风气提出自己的命题，有一定的合理性。但是，这两种观点有一个共同的缺陷，即以文章、作品为中心进行考察，忽视了对文章、作品主体的探究，忽视了文章、作品与主体及其个性的关系，文章、作品与主体、社会之间的互动，研究呈现出静态的考察而不是动态的考察，单角度考察而不是多角度的考察，其结果就容易导致研究的简单化。以往研究中出现的对新华体的神化或妖魔化倾向与这种研究的静态化和单角度考察息息相关。新华社原社长穆青曾归纳出新华体的三个主要特点，即内容是大家普遍关心的；事实是大家信得过的；政治上是正确的。② 这三个特点都是围绕内容展开的。因此，离开新华社的报道内容去谈论新华体，只会把新华体引入形式论的深渊，既不符合历史事实，又不利于新华体的健康发展。

---

① 王伯熙. 文风简论[M]. 北京：中国社会科学出版社，1979：5.

② 齐爱军. 新闻文体发展演变的动力机制探讨[J]. 新闻界，2006（4）：11.

二、本书对新华体的界定

新华体是新华社在长期的新闻报道中形成的鲜明独特的报道风格。它是新华社的精神个性在其新闻报道中的体现，背后则折射出中国共产党的精神向度，是新华社新闻报道内容与形式有机结合后而透现出来的总体风貌和格调。一般而言，新华体通过新华社的消息、通讯、特写、专访等新闻报道来表现。

本书以为新华体的关键为风格，主要理由如下：

第一，新华体是新华社新闻报道内容与形式的统一。首先，新华体反映了新华社对新闻事实及其组成的国内外新闻世界的及时报道。其次，新华体是新华社关于新闻事实的事实判断与价值判断的外在表现。再次，新华体是新华社对新闻世界的反映与建构，而这种建构是通过报道的内容与形式的有机结合而实现的。最后，内容为主，形式为辅，新华体的内容与形式在新闻报道中是不可分割的。

王之望在《文学风格论》中提出，一切事物都是内容与形式、本质与规律的统一体。① 新闻作品的风格稳定地体现和依存于作品的内容和形式的高度融合中。割裂开内容单讲形式，或割裂开形式单讲内容，其实都是不科学的。新华社的新闻报道在内容和形式上均体现了党的意志，偏颇任何一方，都违背历史真实。而风格一词，体现了内容与形式的有机统一，用其来描述新华体名副其实。

第二，风格的本质是写作主体的精神。风格是报道主体与报道客体的有机统一。新闻报道是报道主体进行新闻报道的产物，又来自新闻客体。离开新闻报道主体，势必失却报道；失却新闻客体，新闻报道必然有违新闻真实性原则。同时，报道主体与报道客体的有机统一，又要求研究要联系新闻采写的社会环境进行分析。新闻采写是离不开一定的社会环境的。

新闻报道的风格既体现在新闻文本之中，又不止于新闻文本。首先，

① 王之望. 文学风格论[M]. 成都：四川文艺出版社，1986：93.

新华体离不开新闻文本。新华体源自客观世界，但又不是符号世界。其次，新华体源自报道主体。作为风格的新华体，其风格既体现在新闻文本中，又源自新华社的采编部，是报道主体的精神追求着重落实在报道的内容之中，并由形式而加以表达。再次，新华体与社会环境之间的互动。新华体是一定的社会环境的产物与建构，社会环境决定着新华体的内容与表达。因此，分析新华体，既要有文本分析，又要有新华体的生产者即新华社的分析及新华社与社会环境的分析，后者即是英国学者费尔克拉夫所说的话语实践分析与社会实践分析。

综上所述，本书认为，把新华体界定为风格是恰当的。同时，由于新华社是我国的"消息总汇"之地，是我国以"采写为中心"的最重要的新闻机构，其报道风格一经形成，便对其他主流媒体产生重要而深刻的影响，在我国新闻文风的走向上有重要的引领示范作用。

第二章　新华体基本特征的质化分析

第一节　新华体与风格理论

新华体的研究需要风格理论。首先，新华体的关键应为风格的呈现。根据前文辨析，新华体实质上是新华社的报道风格。因此，研究新华体的基本特征，离不开风格理论。所谓特征，是指人和事物特点的征象、标志。① 基本特征就是人和事物特点的根本征象和标志。特征是特点的表征，是认识事物本质属性的直接路径。本质和规律是事物的一般规定性，同表征又总是浑然一体不可分割的。② 显然，研究新华体既要探讨其深层次的本质和规律，又要明确其表征，从而通过表征这个"本质的显现"③，较为完整地认识新华体。其次，风格理论有助于拓展新华体研究的广度与深度。风格理论不仅探讨风格的本质，还探讨风格本质的显现，即风格的表征，与本章的研究目的契合，由此，本章将依据风格理论，重点对新华体的基本特征进行质化分析。

新华体的基本特征是体现新华体本质的规定性。这些特征一旦形成，便表现出一定程度的稳定性。尤其是进入定型期后，这一点表现得更为突

---

① 中国社会科学院语言研究所词典编辑室. 现代汉语词典［M］. 北京：商务印书馆，2012：1274.

② 王之望. 文学风格论［M］. 成都：四川文艺出版社，1986：3.

③ 列宁. 黑格尔《逻辑学》一书摘要［M］//列宁全集（第38卷），北京：人民出版社，1986：184.

出。而新华体的定型期公认为是在解放战争时期及之后。因此，本书在进行质化分析时，鉴于共时态为主的研究格局，考虑到研究的现实意义，案例的选取以我国新时期以来为主。

本章新华体的研究着眼于共时态与历时态两个维度，但以共时态为主。首先，共时态和历时态两个维度的考察，有助于在静态和动态中把握新华体的规定性、丰富性。其中，历时态考察有助于通过其来龙去脉，把握新华体的丰富性。其次，共时态为主的考察。对新华体的性质、特征、功能这些基本问题的考察是新华体研究所不可或缺的。共时态研究有助于把握新华体的稳定性。由此，本章将首先对新华体的发展历程进行简要介绍，然后在此基础上，重点对新华体的基本特征进行质化分析。

第二节　新华体的发展历程

一、新华体的萌芽期

红色中华通讯社(简称"红中社")时期是新华体的萌芽期。这一时期，新闻报道的选题紧紧围绕党的中心工作以及语言简洁、规范的特点已粗具雏形。

1931年11月7日，红中社应中华苏维埃第一次全国代表大会宣传上的需要成立。红中社是中华苏维埃共和国临时中央政府的直属通讯社，它的方针和任务是："发挥中央政府对于中华苏维埃运动的积极领导作用，达到建立巩固而广大的苏维埃根据地，创造大规模红军，组织大规模的革命战争，以推翻帝国主义国民党的统治，使革命在一省或几省首先胜利，以达到全国的胜利。"[1]

围绕这一方针和任务，红中社积极宣传中国共产党和苏维埃中央政府的方针政策，报道红军作战胜利的捷报和革命根据地开展的"扩红"运动、

---

[1]　新华社大事记编写组. 新华社大事记(1931.11—1949)(修改稿)。

征集粮食、经济文化建设等工作，介绍革命根据地军民艰苦奋斗、不怕牺牲的英雄事迹，鼓舞革命根据地人民的革命斗志和信心。而围绕党的中心工作开展报道，也成为新华社新闻报道的优良传统，奠定了新华体的精神内核。此后，在不同时期，尽管党的中心任务发生变化，这一精神内核始终未变。

红中社时期，工作人员很少（初期只有两三个人），通讯设备简陋而落后，"播发时常因发生故障而中断"，因此"当时每条新闻的一言一语，都是极为珍贵的"。同时由于播发能力有限，党中央与苏维埃中央政府的重要文件和红军胜利的消息是主要的播发内容。而党中央与苏维埃中央政府的重要文件以及红军捷报在语体上都属于公务语体。因此，红中社时期的宣传报道在形式上具有简洁、准确、庄重、规范的特点。

二、新华体的形成期

抗日战争时期是新华体的形成期。经过延安整风运动，这一时期的新闻报道坚定党性原则，真实、准确、简洁的报道风格初步确立。

抗日战争时期是新华社历史发展的一个重要阶段。在这个时期，新华社的组织和业务获得迅速发展，尤其是经过延安整风运动，新华社对党的新闻工作的基本原则更加明确，新闻报道水平大大提高，报道风格基本形成。

第一，新闻工作的党性原则进一步明确。首先，党中央的号召。1942年春天，为了加强党的建设，解决党内的思想矛盾，提高全党运用马克思主义的水平，中共中央决定在全党开展一次普遍的整风运动。2月上旬，毛泽东作《整顿学风党风文风》和《反对党八股》的报告。1942 年 10 月 28日，中央书记处发出关于报纸通讯社工作的指示，指出各地应"改正过去不讨论新闻政策及社论方针的习惯，抓紧通讯社及报纸的领导，使各通讯社及报纸的宣传完全符合于党的政策，务使我们的宣传增强党性"。① 其次，新华社的行动。根据中央指示和有关精神，新华社开始了整风运动，

---

① 新华社新闻研究部. 新华社文件资料选编（1931—1949）（第一辑）。

检查和改进工作，以做到完全与党中央保持一致。同时新华社把重大新闻的发布权集中到总社，强化对各地分社的业务管理与指导，增强新闻宣传的党性，新华社在党的宣传系统中的重要地位和作用进一步巩固。1942年9月5日，解放日报社和新华社编委会检查了报纸和通讯社的工作，认为报纸和新华社广播尚未做到完全与党中央一致，今后要多请示报告。陆定一在会上指出：“应当在党中央的统一领导下进行工作，不能有一字一句的独立性。”①在中央的要求与新华社的努力下，新华体的党性原则更加明确。博古在社论《本报创刊一千期》中说：“我们的重要经验，一言以蔽之，就是‘全党办报’四个字。”②

经过整风，新华社逐步成为具有党性、群众性、战斗性、组织性的党的喉舌，对党的新闻事业产生了重要而深远的影响，并由此推动了党的新闻事业的发展。

第二，真实、准确、简洁的报道风格初步确立。1944年3月4日，新华社总社致电各分社并各地党委，指出，新闻的真实性关系到党的宣传工作的信用，要老老实实，讲究分寸。③博古在编委会上提出：怎样反对党八股，建设新文风，是个重要的问题，因此要在各个方面创造新的风格。记者要忠实地报道，精确地报道，生动地报道，迅速地报道。

1945年12月13日，博古在《从五个W说起》的文章中指出，新闻写作必须具备五个“W”，即时间（when）、地点（where）、人物（who）、事情（what）、原因（why），这五个方面是把事实弄清楚的最起码条件，是走向精确的初步阶梯。④

为了保障报道原则在具体工作中落实到位，新华社制定了一系列规章制度，从制度上保障这些报道原则的长效性。一是建立与各级党政军保持密切联系制度，确保信息来源准确及时。二是建立审查校对制度，确保新

---

① 新华社大事记编写组. 新华社大事记（1931.11-1949）（修改稿）。
② 新华社大事记编写组. 新华社大事记（1931.11-1949）（修改稿）。
③ 新华社新闻研究部. 新华社文件资料选编（1931—1949）（第一辑）。
④ 新华社大事记编写组. 新华社大事记（1931.11—1949）（修改稿）。

闻准确无误。这些规章制度的建立与严格推行，稳固了新华体的党性和真实性品格，成为中国共产党新闻管理的根本性制度，标志着新华体在这一阶段逐步形成。

三、新华体的定型期

解放战争时期是新华体的定型期。这一时期新华体的党性原则进一步加强，新闻的真实、准确、简洁、迅速的特点进一步稳固，报道的"全国观念"形成。

解放战争时期，由于全国战争的形势使得报纸的作用难以得到充分发挥，中共中央提出了"全党办通讯社"的决策，以便通过电讯的形式把中共中央的方针、政策和指示迅速及时地传播到各个解放区和全国人民中，动员和鼓舞人民群众，指导革命战争。

根据"全党办通讯社"的精神，新华社和解放日报社进行了改组，解放日报社合并到新华社，编委会的工作中心放到新华社。新华社是所有消息的出口。新华社为中央机关通讯社，隶属于中央宣传部，在重大问题上受中央书记处直接指挥。① 社长在中央指导下，负责全社事务。正、副总编辑在社长指导下负责全社的编辑事务。这次改组对新华社的性质与隶属关系作了明确的规定，确立了新华社的权威地位。新华社的报道风格在这一阶段基本定型。

一是确立用事实说话的报道风格。新华总社 1946 年 1 月 1 日发指示信给各总分社、分社，指出：新闻写作要实事求是，用事实来说明问题，最忌随便乱说议论。②

1946 年 9 月 3 日，新华总社发出《关于特派记者工作的指示》，指出：宣传报道"态度应力求客观，以普通公正记者的面貌出现，多引用事实和材料来说明问题，切忌生硬说教。应把对国民党区人民的宣传教育渗透和

---

① 新华社大事记编写组. 新华社大事记(1931. 11—1949)(修改稿).
② 新华社新闻研究部. 新华社文件资料选编(1931—1949)(第一辑).

融化在具体的事物中，那种'填鸭式'的宣传教育，蒋管区人民是难于接受的"。①

根据这些文件精神，新华社记者和编辑不断改进业务，发表了大量有说服力的报道，揭露了敌人挑起内战的真相，教育和动员了广大群众。

二是进一步确立准确、迅速的报道风格。新华总社 1946 年 1 月 1 日给各地总分社发出《把我们的新闻事业更提高一步》指示信，指出：新闻写作要确实、迅速。这影响政治信用和宣传效果甚大。不真实的新闻，给读者印象之坏，是不言而喻的。新闻时间之差，影响政治上的主动和被动。要力争时日，培养时间观念。②

1946 年 7 月 8 日，中共中央就发表消息应力求迅速、准确发出指示，指出，宣传工作责任重大，对外发表的消息，务必迅速、准确。③

在中央和总社的指导下，广大编辑记者积极努力，新华社新闻报道的速度和准确性大大增强，很好地配合了当时的战争形势。

三是要简练生动。1946 年 5 月 23 日，总社对各地总分社和分社发出题为《电讯要简练》的公开信，进一步提出要解决新闻电讯冗长和迟缓的问题。指出，电讯是传递信息最快捷的工具。它的写作要简练。④

电讯要简练这点作为重大问题提出，引起了全社上下的足够重视，记者们不断改进新闻写作的技术，提高了新闻的质量和时效。

针对新闻要生动，总社也给予了很多指导。1946 年 1 月 1 日，延安新华总社发出《把我们的新闻事业更提高一步》指示信给各地总分社和分社，指出：写作要有起伏和变化，避免枯燥和平铺直叙。⑤

在中央和总社的要求下，新华社记者在枪林弹雨中采访，不畏艰险，

---

① 新华通讯社史编写组. 新华通讯社史(第一卷)［M］. 北京：新华出版社，2010：293.

② 新华社新闻研究部. 新华社文件资料选编(1931—1949)(第一辑)。

③ 新华社新闻研究部. 新华社文件资料选编(1931—1949)(第一辑)。

④ 新华通讯社史编写组. 新华通讯社史(第一卷)［M］. 北京：新华出版社，2010：293.

⑤ 新华社新闻研究部. 新华社文件资料选编(1931—1949)(第一辑)。

不怕牺牲，写出了一系列著名的战地消息、通讯和军事述评等。比如解清（即黎辛）的《西瓜兄弟》通过典型事例，以生动活泼的文笔，反映了解放军纪律严明，秋毫不犯，从而受到群众爱戴的新型军民关系。

四是夯实新闻的真实性原则。在太行时期，由《晋绥日报》和晋绥总分社发起，经过新华总社的推动引导，解放区新闻界曾开展过一次反对"客里空"的运动。这是我国新闻史上一次大规模的反对弄虚作假、以维护新闻真实性为内容的教育运动。这次运动捍卫了新闻必须真实的原则，提高了新闻队伍的素质和读者对人民新闻事业的信任。

五是要有全国观念。1946 年 1 月 1 日，延安新华总社发指示信，提出：新华社业务上的一个最根本的弱点，就是：新闻零碎，不够系统，难予人以清晰概念。① 强调分社供应总社稿件，必须照顾各个解放区和更广大的读者。内容须对其他解放区均有意义，能有助于其他区的运动和建设。在写法上需更多注意系统和完整，多作说明和解释，以便他区报纸采用，并使读者易于理解接受。同时在报道上，还需适当照顾对全国的意义和影响。②

在中央的直接领导下，新华社这个时期的报道开始改变了新闻零碎、片面的状况，加强了综合报道，增强了政策性和指导性，报道质量明显优化。

四、新华体的稳定发展与波动期

中华人民共和国成立初期是新华体的稳定发展期。在新华社建成为一个集中而统一的国家通讯社的任务大体完成后，1950 年，党中央又提出要把新华社建设成为全国消息总汇之地的任务，为新华社的发展明确了方向。新华社贯彻消息总汇方针，不断纠正和调整报道中出现的缺点和失误，提高了报道工作的质量和效率。

---

① 新华社新闻研究部. 新华社文件资料选编(1931—1949)(第一辑)。
② 新华社新闻研究部. 新华社文件资料选编(1931—1949)(第一辑)。

1956 年，刘少奇指出，新华社要建设成世界性通讯社。按照刘少奇的指示，新华社以建设世界性通讯社为目标，改革新华社的工作，提高新闻报道质量，使新闻事业的社会主义内容与中国民族形式相结合。

1957 年，由于反右倾斗争的开始，新闻改革搁浅。

1961 年，中央号召大兴调查之风，新华社迅速行动，贯彻落实。新闻工作者的作风因此踏实，来自一线的新闻报道增多。60 年代，新华社先后推出了大寨、大庆、焦裕禄等一批典型，发挥榜样作用，推动了社会建设，也推动了新闻事业的进步。

"文革"时期是新华体的波动期。受当时政治形势影响，新华体的发展出现了波动。

五、新华体的改革和发展期

党的十一届三中全会后，新闻界从反思历史开始，拉开新闻改革的序幕。一是提倡写短新闻，增加快讯、今讯等时效性强的新闻品种。二是重视新闻的可读性。强调新闻要新鲜，要突出细节，尽量用通俗的语言，等等。

1981 年 11 月 11 日，在新华社建社 50 周年茶话会上，时任中央书记处书记的习仲勋对改进新华社的宣传报道提出了五点希望：一是"真"，新闻必须真实；二是"短"，新闻、通讯、文章都要短；三是"快"，新闻的时效性很强，不快就成了旧闻；四是"活"，要生动活泼，不要老一套、老框框、老面孔；五是"强"，要做到思想性强、政策性强、针对性强。[①] 这五点希望指明了新华体改革的方向。

1982 年 1 月 17 日，穆青提出借鉴散文自由活泼的形式和结构，改进新华体。之后，他又陆续提出采写"视觉新闻"和"实录性新闻"以改革新华体的面貌，促进了新华体的发展。

---

① 　新华社大事记编写组. 新华社大事记(1977—2001. 11)(修改稿)。

20世纪80年代中后期，随着中国共产党执政思维的逐步转变以及新闻界反思的深入，要尊重新闻自身的规律来写作成为越来越多人的共识。此后，新华社的新闻报道更讲究在尊重新闻传播规律的基础上体现宣传价值。一批具有鲜活时代气息的新闻佳作涌现出来。

进入新千年，随着传播技术的飞速发展，在环境的倒逼下，新华社的新闻理念发生变化，服务用户的意识进一步增强。滚动新闻、快讯、图表新闻、融合新闻、短视频新闻等新的报道形式不断涌现。同时，随着新媒体的发展，用户对新闻产品的需求越来越多样化、专业化和个性化，新华社在坚守"权威性"核心竞争力的基础上，从内容到形式，从题材到体裁，从说话方式到语言表达，全方位地转变、改进，不断推出"短、新、实、活"的报道，抢占媒体重要版面、重要时段，主动积极影响舆论。

新华体的发展史充分证明，新华社的新闻报道及其凝聚点与新华社的发展密切相关，与中国共产党的发展历程密切相关，与中国社会状况密切相连。新华体不是孤立的现象，是新华社、中国共产党乃至中国社会发展的晴雨表。

第三节　新华体的基本特征——壮美

一、风格的分类与新华体

在风格理论研究领域，始终存在两种不同的分类方法：一是繁分法；二是简分法。繁分法将文章风格分为三种及以上。简分法就是将风格分为"刚"与"柔"两大类型。风格的简分法源远流长。东汉曹丕在《典论·论文》中提出："文以气为主，气之清浊有体，不可力强而至。"气有清浊，文章风格就有刚柔之分。刘勰在《文心雕龙·定势》中也提到"势有刚柔"，他还从更大范围上把风格分为刚与柔两种类型。清代桐城派中坚人物姚鼐是我国古代刚柔分类说的集大成者。我国现代文艺理论家周扬曾经说："从整个美学看，艺术(包括音乐)，大体上有两类，一类是雄壮的，一类是优美的。"①我国当代学者王之望在《文学风格论》中指出："任何文学风格，不管是作品风格、作家风格，还是民族的、时代的、流派的风格等，都可以刚美或柔美类分。"②并指出"刚美型风格以内容美为其主要基础"，"没有与历史进程密切相关的重大社会内容和思想意蕴的作品，不可能形成和表现为刚美型风格"。③ 思想内容的巨大深度和广度对于刚美型风格有决定性意义。④ 风格偏柔的作品"思想内容所取者小"，"在形式美上则显得更为突出一些"。⑤ 但是，"不论刚美或柔美，都是内容与形式，主体和客体的辩证统一"。⑥

风格的简分法旨在从整体上阐明风格基本类型的本质和特点，有益于文章采写风格的界限清晰，有益于新闻报道实际。基于此，本书采用简分法，即将新闻作品的风格分为"壮美"与"优美"两大类型。由于新闻报道不同于文艺创作，新闻报道必须真实、新鲜、简洁，与现实关系直接、密切，故使用风格理论进行分析时，必须充分考虑新闻报道的独特性。

通观新华体，其话语内容与社会发展和历史进程密切相关，充分体现了时代精神；其话语形式与内容相谐和，呈现出严谨朴质的外在风貌，在内容与形式的有机统一中，整体呈现出壮美的风格。为了方便把问题阐述清楚，本章分别从内容与形式两个方面展开论述。

二、新华体的内容特征

所谓内容，与"形式"相对，指构成事物的内在诸要素的总和，⑦ 具体到文章内容，则是生活经由作者在文章中的反映。文章的内容要素主要有

---

① 王之望. 文学风格论[M]. 成都：四川文艺出版社，1986：141.
② 王之望. 文学风格论[M]. 成都：四川文艺出版社，1986：142.
③ 王之望. 文学风格论[M]. 成都：四川文艺出版社，1986：144.
④ 王之望. 文学风格论[M]. 成都：四川文艺出版社，1986：145.
⑤ 王之望. 文学风格论[M]. 成都：四川文艺出版社，1986：145.
⑥ 王之望. 文学风格论[M]. 成都：四川文艺出版社，1986：149.
⑦ 辞海编辑委员会. 辞海(上)[M]. 上海：上海辞书出版社，1999：543.

两个，即材料和思想。新华体的壮美风格主要体现在内容上。因此，本书将从材料和思想两个方面分别论述新华体的内容特征，并由此彰显新华体的壮美风格。

（一）选题重大，选材可靠

题材与材料有关。一方面，双方有相通之处。两者都是作者对生活事实的反映、择取。其中材料又有广义和狭义之分。广义的材料是指作者搜集、积累的全部材料。狭义的材料是指写入具体的文章作品中的那一部分材料，即作者用以形成、提炼和表现文章主旨的事实和观念，① 它包括事实材料和事理材料，其中记叙类文章中的狭义材料又被称作题材。另一方面，题材又不同于材料。题材亦有广义和狭义之分，除了前述的狭义题材，广义的题材指新闻报道与所报道的生活范围、领域。本书中的题材，指的是广义的题材。新华体在材料、题材的选择上有鲜明的取向。概而言之，即选题重大，选材可靠。

1. 选题重大

作者选择、采写的文章材料范围、领域，是报道主体关于新闻报道的选题。重大，其义为"大而重要"②。所谓的选题重大，是指新华社的新闻报道选题绝大多数与公众利益、国计民生、社会发展，甚至人类命运息息相关。这就是说，新华社的选题未必每一篇都十分重大，但其主流关系到大多数人的切身利益，关系国家生活、国际生活的格局。王之望指出，风格的土壤是生活，"生活题材是决定作品风格的头等重要的因素"③ 马克思也认为，"题材本身的性质和特点制约着作品的风格"④ 这些意义重大的社会生活内容，展现了现实生活的重大主题，表现了时代的精神，反映

---

① 陈果安，等. 新编写作学教程[M]. 长沙：中南大学出版社，2003：83.

② 中国社会科学院语言研究所词典编辑室. 现代汉语词典[M]. 北京：商务印书馆，2012：1691.

③ 王之望. 文学风格论[M]. 成都：四川文艺出版社，1986：72.

④ 王之望. 文学风格论[M]. 成都：四川文艺出版社，1986：72.

了人民群众在现实生活中改造自然、改造社会的一切创造性的活动，集中体现了人民变革现实、推动历史进步的巨大力量、无穷智慧和高尚品质，这些具有刚健性质的生活内容决定了新华体的壮美风格。

新华社是国家通讯社，是中国共产党的耳目喉舌，其性质、地位和功能规定了其选题性质。1995 年 1 月 22 日，新华社时任社长郭超人在新华社国内会议的讲话中指出，新华社不是一般意义上的耳目喉舌，也不是只起一般作用的耳目喉舌，而是全党全国最高层次上的耳目喉舌，代表中国共产党和我国国家形象。① 这个讲话充分表明了新华社的性质、地位与基本职能。性质、地位、功能规定了媒体编辑工作的原则与基本方法。郭超人认为，当好这样的耳目喉舌，要做好对党的指导思想、基本路线、方针政策的宣传，对党的中心工作和党中央的重大部署的宣传，对党和国家领导人的重大国事活动的宣传，这是党中央对新华社的根本要求，也是新华社作为国家通讯社权威性的集中体现。② 显然，新华社的性质、地位、功能决定了新华社新闻工作的原则、方向，即新华社新闻报道的基本立场与价值取向。

第一，新华社的新闻报道的选题往往择取当下最为重要的政治、经济和文化新闻事实。

一是选择当下最重要的政治事实进行报道。新华社作为党和政府的喉舌，与政治生活的联系极为紧密，中国共产党当前最为重要的政治生活势必是其关注的重点。这些重要的政治生活因与国家的发展、民族的命运相连，本身具有崇高、刚健的性质，它们被记者择取并反映到新闻作品中，建构了作品宏大严肃的主题，成为新华体壮美风格的重要基础。以穆青、郭超人、陆拂为采写的《历史的审判》（新华社 1981 年 1 月电稿）一文为例。该文报道的是 20 世纪 80 年代初，党中央拨乱反正，依法公开审判林彪、江青反革命集团的重大政治事件。林彪、江青反革命集团受到司法的审

---

① 郭超人. 喉舌论［M］. 北京：新华出版社，1997：268.
② 郭超人. 喉舌论［M］. 北京：新华出版社，1997：268.

判，不仅是党对上述两大反革命集团的政治审判，也是对"文化大革命"的否定，是我国新时期发轫的重要步骤，除旧布新，具有重大的历史意义。如此重大的题材投射到新闻作品中，建构了作品宏伟巨大的主旨。而重大题材和宏大主旨的交融，必然创造出作品壮美的风格。

二是择取当下最重要的经济事实。经济生活是社会生活的重要内容，关涉中国共产党执政的经济基础，尤其是当下最重要的经济事实，涉及国计民生、国家经济发展等，意义重大。对于这样的经济事实，新华社尤为关注。以记者吴锦才、丁坚铭、汪洪洋采写的《关于股市的通信》（新华社1992年9月27日电稿）一文为例。20世纪90年代初，中国向何处去，成为国家发展走向的重要思考内容。邓小平南方讲话指出，坚持改革开放发展方向，市场不为资本主义专属。在这样的时代背景下，股票是否姓"资"，中国要不要建立股市，有不同的声音。新华社《关于股市的通信》一文报道了股票亦可为社会主义服务的实际，有力回击了在中国建立股市是走资本主义道路的看法，明确表达了中国政府要积极培育健康股市的决心。整篇文章高屋建瓴，既明确表达了中央的态度，也指出了建立股票市场存在的风险，以及建立健全规范监督体系，稳步推进股票市场的思想。文章选题重大，表述客观、冷静、理性，具有郑重、严肃的审美意义。

三是择取当下最重要的文化事实。文化生活是社会生活的重要内容之一，与政治生活、经济生活不同，文化生活往往与人民的精神生活相联系。与一般媒体不同，新华社对文化生活领域内发生的新闻事实的选择，是受其国家通讯社机构属性作用的，通常情况，择取的新闻事实意义重大。以范冰冰逃税一案为例，虽然这一新闻事实发生在娱乐圈的明星身上，但是新华社在报道这一事件时立足于娱乐业的健康发展，把该案件作为不遵守我国税收法的典型案例进行报道，比如《范冰冰案教育警示文艺影视从业者遵纪守法》（新华社2018年10月3日电稿）等。在我国影视界"阴阳合同"、偷逃税普遍存在的背景下，新华社对该事件的报道具有广泛的教育意义和警示意义，其严肃的报道基调远离游戏、调侃，使新闻报道上升到阔大境界，有利于形成壮美的风格。

第二，新华社新闻报道的选题，有时也会着重于事实的微观，但这些微观一定是与宏观的有机结合，具有典型性。

这里的微观，指的是选题个别、具体、局部。宏观是指微观选题与国内外的大局密切联系。选题虽然微观，却具有全局意义。以《革命圣地延安告别绝对贫困》(新华社西安 2020 年 5 月 7 日电稿)为例。该文报道革命圣地延安告别绝对贫困，开启奔向全面小康的新生活的新闻事实。在约960 万平方公里的中华大地上，延安只是一个面积不足 4 万平方公里的地级市。面积虽小，但是作为革命老区的典型代表，延安在中华人民共和国成立 70 周年和脱贫攻坚决胜时刻的大背景下，告别绝对贫困的意义是巨大的，它向全世界展示了革命老区在党的领导下迈向全面小康社会的生动实践。《凤阳县实行"大包干"两年翻身 农民排队卖余粮》(新华社 1980 年 6月 28 日电稿)、《山东第三轮巡视查处不正之风和腐败问题 328 件》(新华社 2016 年 1 月 6 日电稿)等，这些选题虽然微观，但却与国内外社会现实格局密切联系，是特殊性与普遍性的统一，具有全局或普遍意义，自身带有壮美的性质，而反映这些生活本质特征的新闻作品因此也具有壮美的特点。

2. 材料可靠，即信源权威

信源就是信息的来源，是材料的一个组成部分。权威，指使人信服的力量和威望。[①] 信源权威是指信息的来源具有令人信服的力量。

在信息的传播过程中，信源被视为形成可信度的关键因素。信源越权威，信息的可信度就越高。反之，亦然。因此，社会心理学家 E. 阿伦森(Elliot Aronson)说，信源越权威，劝服的力量就越大。[②] 德国古典美学家康德(Kant)认为，"一种超过巨大阻碍的力量"能给人崇高的美。[③] 权威信

① 中国社会科学院语言研究所词典编辑室. 现代汉语词典[M]. 北京：商务印书馆，2012：1076.

② 成振珂. 传播学十二讲[M]. 北京：新世界出版社，2016：255.

③ [德]康德. 判断力批判(上)[M]. 宗白华，译. 北京：商务印书馆，1964：157.

源由于自身具有令人信服的强大力量，给新闻报道带来崇高的美感。

关于权威信源的质素，霍夫曼（David A. Huffman）认为，有两个基本要件：一是"专业"，二是"可信赖"。"专业"指信源是谈论这一话题的学有专攻的专家；可信赖则指信源是真诚的或值得信任的。① 参照甘惜分（1993）等学者的研究，结合我国国情，本书认为：政府机构、党政官员、专家学者、工商企业负责人、新闻当事人或目击者等是权威信源。以此观照新华社新闻报道的信源，发现其权威性通常比较高。

一是信源为党政机关，尤其是党中央、国务院、全国人大、全国政协等中央机关。如2018年5月25日新华社记者安蓓采写的《我国自6月10日起调整居民用气门站价格》，文中的信息主要来源于中华人民共和国国家发展和改革委员会。中华人民共和国国家发展和改革委员会是为我国国民经济发展和价格总水平调控等提出顶层设计的最高行政权力机构，接受国务院的领导，由其发出的相关信息具有相关行业的最高权威性。二是信源为专家学者。还以上文为例，该文中另外一个信息源是国家能源专家咨询委员会副主任周大地。天然气行业属于我国的能源行业，周大地是国家能源专家咨询委员会副主任，不仅是本行业的专家，而且担任着行政职务，他关于居民用气门站价格的看法，可信度较高。三是新闻事实的亲历者或见证人。诚实的新闻当事人和新闻事件的目击者提供的第一手信息与原始信息，是媒体报道新闻事实时不可替代的信息来源，证实力强。如2004年1月15日新华社播发的《一千零四十小时——早产儿氧中毒失明情况调查》，文中涉及的主要信源刘东江是一位新闻当事人。作为新闻事件的亲身经历者、氧中毒失明幼儿的父亲，他对自己孩子氧中毒情况、表现以及孩子失明给家庭带来的痛苦了解得最深入，体会也最深刻，其所述的信息可信度较高，即便其所述有水分、有遮饰，但水分和遮饰本身也成为新闻事实的有机组成部分。

---

① 周勇. 影像背后网络语境下的视觉传播[M]. 北京：中国传媒大学出版社，2014：52.

根据耶鲁学派的研究，威信高的传播者比威信低的传播者更能左右人们的认识。传播者的威信越高，劝服的力量就越大。① 新华社新闻报道多使用权威信源，其信息的真实性和可信度高，公众影响力大。康德在《判断力批判》中指出，体积和力量之大产生崇高。② 新华社多使用可信度高、影响力大的权威信源建构了新华体壮美的风貌。

(二) 立场鲜明

所谓立场，是指认识和处理问题时所处的位置与所持的态度。③ 新华社是中国共产党领导下的新闻机构，是中国共产党、政府和人民的喉舌，在进行新闻报道时，其立场是鲜明的。

1. 新华体体现了中国共产党的意志

新闻事业作为一定阶级或阶层的意识形态的全面的、综合的反映，它在反映整个社会的生活的同时，按照一定阶级或阶层的世界观影响群众的思想，引导社会的舆论。④ 新华社作为国家通讯社，中国共产党领导下的重要的新闻舆论机关，在进行新闻报道时必然要恪守党性原则，体现党的意志。以《菲南海仲裁案所谓最终裁决公布　中方强调不接受不承认》（新华社 2016 年 7 月 12 日电稿）一文为例，该文开门见山地指出，南海仲裁案的仲裁结果是"非法的""无效的"，"中国不接受，不承认"，旗帜鲜明地表明了中国政府的严正立场。之后，作者精心选材，通过强有力的背景材料，揭露了仲裁闹剧的荒唐以及美菲等国滥用国际法的阴险用心和恶劣影响，凸显了中国政府有理有据维护国家利益和国际法理的负责任大国形象。又如《风帆起珠江》（新华社 1992 年 1 月 30 日电稿）一文，该文展示了广东改革开放的累累硕果，用生动的、无可辩驳的事实证明了改革开放的

---

① 成振珂. 传播学十二讲[M]. 北京：新世界出版社，2016：255.

② 康德. 判断力批判[M]. 北京：人民出版社，2002：99.

③ 中国社会科学院语言研究所词典编辑室. 现代汉语词典[M]. 北京：商务印书馆，2012：798.

④ 成美，童兵. 新闻理论教程[M]. 北京：中国人民大学出版社，1993：85.

正确性，间接回答了姓"社"姓"资"的争论，体现了党的意志，反映了时代的需求。其宏大的主旨意义铸就了该文壮美的风格。又如2018年5月18日新华社记者毛鹏飞采写的《不落下任何一个病人——记"一带一路"消除白内障致盲行动走进柬埔寨磅湛》一文。文章讲述了亚洲防盲基金会、香港新家园协会、广西壮族自治区政府和柬埔寨卫生部共同实施的"一带一路"消除白内障致盲行动走进柬埔寨磅湛，为该省白内障患者治疗眼疾一事。该文从思想的表层看，是赞扬"一带一路"消除白内障致盲行动给柬埔寨白内障患者带来的福泽，深层次上却是在反映习近平"坚持推动构建人类命运共同体"的新时代中国特色社会主义思想。

2. 新华体要努力反映人民的意志

新华社作为党、政府和人民的喉舌，不仅要体现党的意志，同时也要努力体现人民的意志。中国共产党领导人刘少奇曾指出，新闻媒体要真实、全面、深刻地把群众的情绪和呼声反映出来，说出人民不敢说的、不能说的、想说又说不出来的话。[①] 新华社作为人民的喉舌，也要站在人民的立场上进行新闻报道。在社会主义中国，党性和人民性是一致的。因此新华社的多数新闻报道在选题上注重在党和政府关心，人民群众关切的问题上下工夫。例如，《关于物价的通信》（新华社北京1988年1月12日电稿）、《化肥价格千里追踪》（新华社北京1996年3月28日电稿）、《新华社调查问题口罩：有多少？哪来的？怎么治？》（新华社微信公众号"新华视点"2021年5月11日）等，这些报道站在人民的立场上，反映了与广大人民的利益息息相关的一些社会现象和社会问题，反映了人民的呼声，体现了人民的意志。同时，这些报道也符合党的立场。中国共产党作为全心全意为人民服务的政党，人民的关切为党所关心。但是，也必须承认在追求党的立场和人民的立场相统一的过程中，新华社有时候也做得不到位。

---

① 新华通讯社史编写组. 新华通讯社史（第一卷）[M]. 北京：新华出版社，2010：484.

3. 新华体努力体现公正的社会立场

所谓公正就是公道、正义，不偏不倚，能维护当事方的合理合法的利益。作为国家通讯社，新华社在进行新闻报道时，既遵循客观和公正的原则，也注重维护少数族群的利益，比如不婚族、少数民族等，体现了公正的社会立场。

由于社会生活的丰富复杂性，新华社并非所有的新闻报道都有鲜明的立场，比如科技创新、自然现象等。不过，新华社的新闻报道总是有自己的职业立场，对一些重要的新闻事实大多会坚定一定的政治立场。而鲜明的立场集职业立场与政治立场于一体，刚健有力，建构了新华社的主流新闻的品格，由此使新华体生发壮美之质。

风格是内容与形式的有机统一。因此，分析新华社新闻作品的风格，不能抛开作品的形式。下面是关于新华社新闻作品的形式分析。

三、新华体的形式特征

形式是指事物的形状、结构等。① 文章的形式是内容的外在表现，主要由语言、结构、文体和表达方式构成。文体，是文章的体裁，而新华体是新华社不同体裁的新闻报道的共有风格，因此讨论文体对本研究没有意义。所以，本书拟从语言、结构和表达方式三个方面来讨论新华体的形式特征。

(一)语言准确、简洁

作品的风格美实现离不开语言。离开语言这个中介，新闻报道主体与新闻报道客体便无法有机融合，受众也无法感受作品风格美的存在。德国19世纪语言学家、文艺理论家威克纳格(Williams Wiegand)把风格称为"语言的表现形态"，② 突出了符号在现实建构中的特殊地位。语言是人类思

① 中国社会科学院语言研究所词典编辑室. 现代汉语词典[M]. 北京：商务印书馆，2012：1458.

② 王之望. 文学风格论[M]. 成都：四川文艺出版社，1986：81.

维、交际与文化的工具与符号体系，内容会影响报道主体对语言的选择。只有当作品的语言与内容相吻合时，报道主体的作品才有可能生成风格。新华社新闻报道的内容是庄重严肃而新鲜的，这样的内容唯有语言准确、简洁才恰如其分，而不会流于虚伪、矫饰。鲁迅说："文章有形、声、意三美，形美以悦目，声美以快耳，意美以感心。"①语言的选择和提炼，句式的安排和运用等都必须与一定的内容相适应。就语言来说，色彩的选择、熔铸和敷染，是由作品内容所决定的。北宋范温的《潜溪诗眼》说："世俗喜绮丽，知文者能轻之；后生好风花，老大即厌之。然文章论当理与不当理耳，苟当于理，则绮丽风花，同入于妙；苟不当理，则一切皆为长语。"②显然，"当理"的设色，健康"绮丽"则是恰当的，不为病态；"不当理"的设色，很容易导致矫饰冗长的文风。准确、简洁的语言，庄重典雅、音韵铿锵，具有庄穆刚健之美，与新华社新闻报道朴实、厚重的内容相融，表里合一，生发壮美气魄。如《习近平首次沙场阅兵　号令解放军向世界一流军队进发》(新华社内蒙古朱日和2018年7月30日电稿)一文，该文报道了在中国人民解放军建军90周年之际，习近平主席首次在野战化条件下沙场阅兵一事。全文900余字，主题突出，信息量大，既有强烈的现场感，又有厚重的历史感，凸显了此次阅兵的重大意义和深远影响。报道语言平实，不假矫饰，呈现出天然去雕饰的朴素美。

　　毛泽东曾经提出文章写作要注意做到"三性"，即准确性、鲜明性和生动性。③刘少奇明确要求新华社"做到新闻的客观、真实、公正和全面"。④新华总社在《把我们的新闻事业更提高一步》指示信中，指出：新闻报道的写作"要确实、迅速。这影响政治信用和宣传效果甚大"。⑤ 在《电讯要简

---

①　鲁迅. 鲁迅全集(第八卷)[M]. 北京：人民文学出版社，1956：256.

②　郭绍虞. 宋诗话辑佚(下)[M]. 北京：中华书局，1980：326.

③　毛泽东. 毛泽东文集(第七卷)[M]. 北京：人民出版社，1999：346.

④　郑保卫. 中国共产党领导人新闻实践与新闻思想研究[M]. 北京：中国人民大学出版社，2011：284.

⑤　新华通讯社史编写组. 新华通讯社史(第一卷)[M]. 北京：新华出版社，2010：276.

练》的公开信中，指出：电讯写作必须紧缩字句，做到简练、迅速报道。[①]

准确和简洁是新华社新闻报道语言的一贯追求。威克纳格说，风格是"语言的表现形态"。[②] 准确、简洁的语言迅速传达了事物本身的真实状态，遒劲有力，给人以冲击和震撼，为作品风格注入了雄健的基质。

(二)结构规范

结构，是文章内容的组合与构造，即文章组织和内容安排的具体方式。新华体在结构上的突出特点是讲求结构规范。规范的结构有利于文章形成严密的逻辑，建构作品壮美的气质。新华体的结构规范主要表现为以倒金字塔结构为主，其他结构方式为辅。

新华社是我国消息总汇之地，消息体裁在所有新闻报道中占据绝对的主流地位。因此，消息体裁的结构特征建构了新华体基本的结构特征。新华社新闻报道中的消息体裁在结构的安排上以倒金字塔结构为主，其他结构方式为辅。首先，以倒金字塔结构为主。倒金字塔结构一般表现为：导语+主体+结尾，背景材料多穿插在主体部分。导语简洁扼要地介绍主要新闻事实。主体主要介绍事件的来龙去脉，事件发生的前因后果。结尾的写法很灵活，有时有，有时没有，不一而足。以《我三十万大军胜利南渡长江》(新华社1949年4月22日电稿)一文为例。导语部分，开门见山，简洁扼要地告诉读者"我三十万大军已于21日胜利渡过长江"的重要事实；主体部分，作者以时间为顺序介绍了渡江战役的整个过程，其间用了"摧枯拉朽""纷纷溃退""万船齐放""直取对岸"等四字词语，生动地再现了当时战斗的情景，表现了解放军的英勇气概。结尾，总结点题。报道既迅速传播了最有价值的新闻事实，又清晰交代了新闻事实的整体情况，满足了读者的信息需求。其次，以其他结构方式为辅。倒金字塔结构是新华社新闻报道结构的主要形态。但新华社所报道的新闻事实多种多样，这又决定了新华社的新闻报道还需要其他的结构方式，比如菱形结构、金字塔结构等。不过，相较于倒金字塔结构，这些结构方式未成为新华体结构的最常见表现形态。

新华体结构以倒金字塔为主，与新华社消息总汇的基本职能有关。消息总汇的机构职能要求新华社的新闻报道要以消息为主，以快速传达新闻信息资讯为己任，而倒金字塔结构是被中外新闻报道实践证明了的传达信息速度较快的新闻报道结构方式，从采写角度看，新华社以这种新闻报道的结构方式为主也是其基本职能的要求使然，便于快速成稿；从新闻工作的编发角度看，倒金字塔结构也有利于提高编辑编排新闻稿的效率。总体来看，新华社的新闻报道多采用倒金字塔结构，倒金字塔的新闻报道有利于提高新华体的时效性。

（三）表达方式：以叙述为主

表达方式是作者运用语言反映客观事物和主观情思的方法和手段。最常用的表达方式有叙述、描写、议论、抒情、说明。叙述是作者对人物、事件和环境的发展等所做的叙说和交代。新闻报道的第一功能是传播新闻信息，另一个重要职能是宣传教育，故唯有坚持叙述，才能表达新闻事实。以叙述为主，用事实说话，有利于实现新闻传播规律和宣传规律的统一。

新华社的新闻报道以叙述为基本表达方式。新华社全国消息总汇的功能定位决定了其新闻报道以消息体裁为主，以通讯、特写、专访为辅。消息体裁在表达方式上以叙述为主。快速、简洁地向受众传播丰富的信息。[1]消息体裁的这一特点奠定了新华体以叙述为主的表达方式风格。如 1971 年 10 月 26 日新华社发表的《联大以压倒多数恢复我国在联合国合法权利的提案》，全文共有 41 个句子，其中 2 个句子描写阿尔巴尼亚、阿尔及利亚等

---

[1] 童兵，陈绚. 新闻传播学大辞典［M］. 北京：中国大百科全书出版社，2014：304.

22 个国家的提案通过时，会场上出现的热烈气氛，3 个句子表达作者对美帝国主义操纵联合国推行强权政治的谴责等态度，36 个句子叙述新闻事实。叙述的表达方式在该文中的占比为 88%。又如 2016 年 6 月 7 日新华社发表的《华裔科学家蒲慕明获格鲁伯神经科学奖》，全文共有 13 个句子，其中 2 个句子分别对蒲慕明的学术经历和格鲁伯基金会进行说明，其余的11 个句子分别叙述蒲慕明领受奖励的时间和内容，蒲慕明的研究内容以及该研究对神经科学所作的贡献等。文中没有一句抒情和议论，虽然也有评价性的语言，但是作者通过直接引语或间接引语的方式表达了这些评价性的内容，规避了在文中出现直接的议论，减少了新闻报道的主观色彩，增强了报道的客观性。再如 2018 年 6 月 1 日新华社发表的《外交部回应美强征钢铝税：让子弹乱飞不具建设性》一文，全文 17 个句子，叙述的表达方式占比为 100%。以叙述表达方式为主的新闻报道，在新华社的新闻报道中比比皆是。同时，新闻报道终以报道新闻事实为己任，通讯、特写、专访虽然较之消息会多运用说明、描写、议论，甚至少量使用抒情，但也终以叙述为主。

新闻报道区别于文学等体裁的本质特点是简要、概括地反映事实，[1]讲究报道事实或用事实说话，一般不提倡记者直接抒情或议论。[2] 布封也说，当作者对"一切华而不实的煊赫概予鄙弃，对模棱语、谐虐语经常加以嫌恶，那么，他的风格就庄重了"。[3] 在表达方式上，新闻记者在报道中应努力择取事实进行叙述。新华社的新闻报道在叙述的使用上，以概述为主。概述有利于交代新闻事实大要，有利于快速报道，但对于新闻事实的重要之处、关键部分，记者也是会进行具体叙述的。以叙述为主的简洁质朴的表达方式为新华体注入了庄重的基质。

---

① 刘明华，等. 新闻写作教程[M]. 北京：中国人民大学出版社，2002：143.
② 刘明华，等. 新闻写作教程[M]. 北京：中国人民大学出版社，2002：145.
③ 王之望. 文学风格论[M]. 成都：四川文艺出版社，1986：168.

（四）新华体是内容与形式的有机统一

作为一种新闻话语，新华体体现了新华社新闻报道的整体追求。首先，新华体的这种整体性体现为内容与形式的不可分割。没有脱离内容的新华体形式，也没有脱离形式的新华体内容。新华体体现了新华社新闻报道内容与形式的有机融合。新华体是新闻话语材料、思想、语言、结构、表达方式等诸要素叠加后总体呈现出来的风格面貌，体现了新华体不可分割的整体美。其次，内容为主，形式为辅。新华体的壮美特征，主要来源于新华社对新闻事实的选择及选择背后的鲜明立场，内容决定了新华体的形式呈现。同时，形式反作用于内容，恰当的形式有助于新华体壮美特征的呈现，反之，新华社新闻工作的失误，则有碍于新华体内容的选择，影响新华社新闻报道的社会传播效果。

作为内容与形式有机统一的新华体，其壮美基于新华社的媒体性质、定位与功能。首先，有别于美联社。美联社新闻报道的风格同样是雄壮的。但美联社的新闻报道以英语为主，发稿范围更广，用户更为广泛、多样，其新闻报道在美国主流价值体系框架下更加多元、包容。同时，市场压力导致其新闻报道迅速、结构明快、讲究修辞、语言更为通俗。再加上其以基督教为核心的意识形态规范，因此美联社的新闻报道较之新华体，雄壮的弹性空间相对开阔，夹杂更多的柔性成分。其次，有别于根植于我国台湾岛内的"中央通讯社"。"中央通讯社"所依托的土地仅 3.6 万平方公里，区域国民生产总值远逊于祖国大陆，其新闻报道尽管同样使用中文，但终究因报道领域的狭小、客户的极为有限而格局不大，报道特点很难与壮美相关。

第四节　小　　结

新华体是静态与动态的有机统一。首先，新华体是动态的。这里的动态指的是新华体有一个形成、发展、自我完善的过程。其一，经历了从萌芽到定型的过程。其二，在发展的过程中出现过波动。其三，随着社会环境的变迁，不断进行调整。其次，新华体是稳定的。这里的稳定指的是其基本特征固定不变。新华体的基本特征是新华社的精神个性及其外在呈现。新华社的精神个性根源于其基本属性，并由其功能定位决定。新华社的功能定位在其诞生时已经决定，以后随着社会环境的发展，虽然有所调整，但基本属性没有变。作为国家通讯社，中国共产党的耳目喉舌，新华社在不同的历史时期都要为全党、全国的工作大局服务，在选题上势必要考虑全国大局的需要。作为中国共产党、政府和人民的喉舌，新华体既要代表党和政府发声，又要努力代表人民发声，其新闻思想既要体现执政党的意志，又要努力体现人民的意志，力争党性和人民性的统一。新华社不同的新闻报道承担的具体任务虽然有所不同，但是其围绕着党的中心工作开展的关键没有变。新华体在话语内容上所呈现出的选题重大、信源权威、立场鲜明与新华社的功能定位、办社宗旨密切相关。而话语形式受制于话语内容，应与话语内容相谐和，新华体呈现出的语言准确、简洁，结构规范，表达方式以叙述为主等特点，是新华社的宗旨的折射。在内容与形式的统一中，新华体呈现出壮美的风格。

新华体的壮美风格虽然在不同的发展阶段有不同的具体呈现，并表现出逐步丰富与稳定相结合的特点，但是该风格的一以贯之是由新华社的根本性质、功能定位以及中国的社会环境所决定的。这也是新华体不同于美联社等通讯社报道风格的关键所在。

第三章　新华体基本特征的量化分析

第一节　研究目的和研究问题

一、研究目的

为了更为准确而完整地把握新华体的基本特征，本书在采用质化研究方法对新华体的基本特征进行归纳和总结后，基于研究的客观性追求，进一步通过量化研究对得出的结论进行验证，以期通过质化研究与量化研究的相互补充、相互印证准确把握新华体的基本特征。

定量研究方法建立在实证主义哲学基础之上，将自然科学实证的精神运用于社会现象的研究之中，通过程序化、操作化和定量分析的方法，促使社会现象的研究趋向精细化和准确化。定量研究方法的最大特点在于突出客观性，可以进一步推进研究领域有关主题的细化和深入。① 本章将采用量化研究法对新华体的基本特征予以客观纬度的讨论。为了使讨论更加明确，本章采取了新华社与美联社的比较研究方法，通过对比，清晰、精确地描述新华体的特征。

二、研究问题

根据研究目的，本章的研究中心问题如下：

---

① 蓝石. 基于变量类型做好统计分析 SPSS 实例示范［M］. 重庆：重庆大学出版社，2014：1.

新华体的基本特征是什么？

依照风格理论，新闻的基本特征是内容与形式的综合体现。考察新华社的基本特征，需要从内容和形式两个方面着手。因此本中心问题包含两个子问题：

（1）新华体的形式特征是什么？

（2）新华体的内容特征是什么？

第二节 抽样方法及样本采集

本章着重于对新华体的基本特征做量化研究。依据风格理论，新闻报道的风格是作品内容与形式的综合体现。因此测量从内容和形式两个方面着手。根据研究需要以及风格理论，内容从题材和思想两个方面测量，形式从语言、结构、表达方式三个方面测量。表达方式的测量涉及句子，因样本基数大，需要测量的句子数量很多。受研究条件限制，对表达方式单独测量。做法如下：

第一步，测量题材、思想和语言、结构。以随机抽样的方式，抽取新华社、美联社2016年1月至12月每月第二周周三的新闻报道，抽取日期分别为：2016年1月6日、2月10日、3月9日、4月6日、5月4日、6月8日、7月6日、8月10日、9月7日、10月5日、11月9日和12月7日。新华社样本通过检索新华社多媒体数据库获得。以每个具体日期为检索条件，共获得新华社样本2033篇。美联社样本通过检索LexisNexis新闻数据库获得。以每个具体日期为检索条件，共获得美联社样本5911篇。因研究条件有限，在原有样本的基础上，再次通过随机样表，分别抽取新华社样本800篇、美联社样本800篇进行研究。对两家媒体共1600个样本进行深度阅读，发现消息体裁均占到双方样本总量的90%左右。在不影响研究效果的前提下，为了便于比较，本研究只选取1600个样本中的消息进行对比，其中，新华社有效样本631篇，美联社有效样本783篇。因美联社的一些样本是以组合报道的形式出现，为了使研究更加客观真实，对这些组合报道涵盖的所有消息作品，本研究进行了分别统计。有鉴于此，美联社的有效样本变为 860 篇。

第二步，测量表达方式。抽取 2016 年新华社和美联社关于"埃博拉"的新闻报道。2014 年埃博拉在非洲大规模爆发后，给人类造成了巨大损害和恐慌。这种病毒由于传染性极强，且尚未有有效的治疗医药，在当时受到全世界的关注。本研究抽取该典型事件作为表达方式测量的样本。新华社样本通过检索新华社多媒体数据库获得，美联社样本通过检索 LexisNexis 新闻数据库获得。以"埃博拉"为主题词，检索新华社多媒体数据库，共获得有效样本 22 篇，合计 215 个句子。以 Ebola virus 或 EBOV 为关键词，检索 LexisNexis 新闻数据库，共获得美联社有效样本 42 篇，合计 496 个句子。

第三节　分析单元、类目建构与编码

一、分析单元

（1）每篇新闻报道

（2）词汇

（3）句子

二、类目建构与编码

本研究运用内容分析法，以消息体裁为例，对新华社和美联社的新闻报道风格进行比较，依此描述新华体的基本特征。

依据风格理论框架，参照彭增军《媒介内容分析法》中总结的新闻报道内容与形式变量，结合本研究的需要，分析以下变量：题材、新闻倾向、语言、结构、表达方式。关于新华社、美联社报道风格的内容分析尚无先例可循，因此本研究实施探索性内容分析程序，首先阅读符合条件的新闻报道，适当的时候进行标注，并结合其他学者关于以上变量的分类标准，运用归纳法提炼本研究每个变量的具体类目。

第四节　以每篇新闻报道为分析单元的类目及编码

一、以每篇新闻报道为分析单元的类目及编码

(一)题材

1. 反映生活领域的广泛性

参照商务印书馆《现代汉语词典》(2012)、邝云妙《高级新闻写作(下册)研究卷》(2003)等典籍中关于题材的分类和相关定义,结合深度阅读所有样本,把报道题材反映生活的领域分为7个类项:

A. 政治新闻　B. 经济新闻　C. 文化新闻　D. 军事新闻　E. 体育新闻　F. 科技新闻　G. 社会新闻

政治新闻是对党政机关、国家政策和政策的贯彻执行以及领导层的重要公务活动进行报道的新闻体裁。

经济新闻是以经济生活为报道内容的新闻体裁。

文艺新闻是以文化艺术活动为报道内容的新闻体裁。

军事新闻是以军事相关活动和战争为报道题材的新闻体裁。

体育新闻是以体育活动为报道题材的新闻体裁。[1]

科技新闻是以科学技术研究、发现及群众科普生活为题材的新闻体裁。具体指党和政府有关科技政策、技术领域的新发明与新成果、科技工作的新经验与新问题、科技领域杰出的人物事迹、受众感兴趣的科技新知识、新技术及趣味珍闻等。[2]

---

[1]　童兵,陈绚. 新闻传播学大辞典[M]. 北京:中国大百科全书出版社,2014:307-308.

[2]　童兵,陈绚. 新闻传播学大辞典[M]. 北京:中国大百科全书出版社,2014:308.

社会新闻是以反映社会生活、社会问题为报道题材的新闻体裁。俗称"8 小时以外的新闻"，即工作、上班时间以外所发生的新闻。因所反映的内容同受众生活贴近、利益相关，与人们的情趣相投，各类媒体都非常重视社会新闻的报道。①

2. 关注区域的广泛性

参照通讯社新闻分类标准，结合深度阅读两家媒体的新闻报道，把报道关注的区域范围划分为 4 个类项：

A. 国内　B. 国际　C. 双边关系　D. 说不清

国内新闻，主要是指国家主权范围之内的区域发生的新闻事实；

国际新闻，是指国家主权范围之外的区域发生的新闻事实；

双边关系，是指新闻题材所反映的是国家与国家之间的关系，既指两国之间的关系，也指多国之间的关系；

说不清，是指题材反映的区域范围很难用以上三个选项的标准来判定。类似这样的，都归为该类。

3. 新闻的准确、可靠性

参照刘明华(2002)等学者已有的研究，结合本研究需要，拟从 3 个方面考察新闻事实的真实可靠性：

A. 新闻基本要素完整　B. 信源权威　C. 报道主体明确

关于新闻要素有五要素、六要素与三要素说。依据新闻三要素说，新闻基本要素完整，是指新闻的三要素：新(new)、事实(true)、报道(communication)具备。②

信源又称消息来源，Voakes(1996)认为消息源是一些在新闻引述中提及且可确认的个人、组织或实体。在新闻报道中注明消息的来源(news source)，可以增加新闻的真实性，增强新闻的公信力。参照甘惜分(1993)

---

① 童兵，陈绚. 新闻传播学大辞典[M]. 北京：中国大百科全书出版社，2014：308.

② 童兵，陈绚. 新闻传播学大辞典[M]. 北京：中国大百科全书出版社，2014：52.

等学者的研究，结合本研究需要，从六个方面进行考察：一是政府机构，二是党政官员，三是专家学者，四是新闻媒体，五是工商企业，六是社会团体或个人，七是其他。其中，前三项本研究认为是权威信源。

报道主体明确，是指新闻稿有具体的报道者，且报道者以作者的身份所使用的是真实姓名，而不是笔名。比如：新华社记者杨云等。

4. 新闻的时间性

新闻的时间性，主要是指新闻报道发表的时间。本研究拟从七个方面考察及时性：

A. 即时新闻　B. 当天报道　C. 翌日报道　D. 三天后报道　E. "近日"之类表述　F. 时间不详　G. 预测新闻

即时新闻，指与新闻事实发生时间同步或者一个小时内报道出来的新闻；

当天报道，是指在新闻事实发生当天就报道出来的新闻；

翌日报道，指在新闻事实发生第二天报道出来的新闻；

三天后报道，指在新闻事实发生三天后报道出来的新闻；

"近日"之类表述，是指新闻报道没有具体的新闻事实发生时间，而是用"近日""近期""日前"等模糊时间词语来表述；

时间不详是指新闻报道中媒体没有明确提示新闻发生时间；

预测新闻是指新闻事实还没有发生，预计在将来某个时间可能会发生的新闻。

5. 新闻的生动性

新闻的生动性，是指新闻报道事实翔实，表达有力，生动可读。通常情况下，新闻报道细节性材料多，读起来会栩栩如生，而概括性材料多，新闻的生动性就较差。[①] 考察该类项分为三个变量：

A. 概括性材料　B. 细节性材料　C. 两者都有

概括性材料，是指简明扼要的梗概性材料；

细节性材料，是指描写细致具体的材料；

---

① 马铁丁. 生动性从何而来[J]. 新闻业务，1961(7)：36.

两者都有，是指文章中既具有概括性材料又具有细节性材料。

6. 新闻客观性

新闻客观性是美国新闻界提出的一种新闻职业理念，是一个由理想、假设、实践和制度混杂在一起的体制，要求事实与价值分开的一种专业信念和道德准则，产生于 20 世纪 20 年代。新闻客观性最终要通过客观报道手法来实现。① 通常情况下，事实性材料较为客观，观点性材料主观性较强。考察该类项目，分为三个指标：

A. 事实性材料　B. 观点性材料　C. 两者都有

事实性材料是新闻报道中的主体材料，包括构成新闻事实的时间、地点、人物事件的原因、结果，等等；②

观点性材料，是指由观点和看法构成的材料；

两者都有，是指文章中既具有事实性材料又具有观点性材料。

7. 背景材料使用

背景材料指新闻中与主体新闻密切相关的历史情况、环境条件以及新闻产生的原因方面的材料，"是用来说明新事实的旧事实"。③ 具体到新闻报道，指的则是与新闻事实相关而又不属于新闻事实的事实材料、事理材料。背景材料对新闻事实起到映衬、说明、补充的作用。多用背景材料可以增加新闻的信息深度和广度。考察该类项从两个角度，分为两组考察指标：一是有无背景材料：A. 有　B. 无；二是背景材料的出现位置：A. 标题中　B. 导语中　C. 主体中　D. 两个地方以上有。

（二）新闻倾向性

1. 是否有倾向性

新闻倾向性，是指作者或新闻机构对于客观事实的立场、观点、态

---

① 童兵，陈绚. 新闻传播学大辞典[M]. 北京：中国大百科全书出版社，2014：12.

② 张浩. 新编当代传媒新闻写作大全[M]. 北京：北京工业大学出版社，2016：121.

③ 刘明华，等. 新闻写作教程[M]. 北京：中国人民大学出版社，2002：44.

度、兴趣等在新闻报道中的反映。① 是否有倾向性是指一篇新闻作品中是否有作者或新闻机构的立场、观点、方法、兴趣的体现。分为两个指标：

A. 有　B. 无

2. 倾向性表现（指倾向性的表现类型）

A. 思想　B. 情感　C. 两者都有

思想，是指新闻的倾向性来自作者的意见立场和价值体系；

情感，是指新闻的倾向性来自作者的爱憎情绪和兴趣；

两者都有，是指新闻的倾向性既有思想方面的也有情感方面的。

3. 思想倾向性的表现实体（指思想倾向性的具体表现）

A. 意见　B. 立场　C. 价值体系　D. 以上都有

意见是人们对事物所产生的看法或想法；

立场认识和处理问题时所处的地位和所抱的态度；②

价值体系，是人们对价值问题的根本看法与在处理价值关系时所持的立场、观点和态度的总和。③ 在阶级社会中，不同阶级有不同的价值观念；

以上都有，是指既有意见立场方面的也有价值观方面的。

4. 情感倾向性的具体表现类型

A. 正面　B. 中性　C. 负面

正面的新闻报道，是指通篇报道是正面的、积极的，没有贬批之意；

负面新闻报道，是指通篇新闻报道以负面的、消极的或以揭露批判为主，贬批态度明显；

中性新闻报道，是指新闻报道对所报道的新闻事实没有明显的褒贬评价。

---

① 中国大百科全书总编辑委员会《新闻出版》编辑委员会，中国大百科全书出版社编辑部. 中国大百科全书-新闻出版［M］. 北京：中国大百科全书出版社，1990：406.

② 中国社会科学院语言研究所词典编辑室. 现代汉语词典［M］. 北京：商务印书馆，2012：798.

③ 陈章龙，周莉. 价值观研究［M］. 南京：南京师范大学出版社，2004：3.

5. 倾向性的立场走向(指倾向性背后的逻辑力量)

A. 马克思主义思想　　　　B. 中国传统价值观

C. 西方价值观　　　　　　D. 以上都有

马克思主义思想,是指马克思主义理论体系,覆盖马克思本人关于未来社会形态——科学社会主义的全部观点和全部学说。这里的马克思主义思想包括马克思主义思想的中国化,即中国共产党的思想。

中国传统价值观是中华民族在长期的历史发展过程中形成的,对整个民族有着普遍约束力的价值观念系统。它以儒家价值原则为主导,融入了道、墨、法、释诸派的价值观念,是一个涵义丰富的价值系统。[①] 中国传统价值观主要表现为遵道、尚德。

西方价值观是西方世界共同遵守的价值标准,反映了他们对事物的价值判断和看法。个人主义、功利主义、自由主义和理性主义构成了西方的价值体系。[②]

6. 倾向性冲突(指一篇新闻中有一种以上性质相反的倾向性)

A. 有　B. 无　C. 看不出来

7. 倾向性冲突的表现

A. 具体价值判断之间的冲突,是指对新闻事实做出的具体的价值判断之间的冲突;

B. 价值体系之间的冲突,是指新闻倾向性的冲突来自不同的价值体系;

C. 以上都有,是指既有具体价值判断之间的冲突又有价值体系之间的冲突。

8. 倾向性的思想价值体系性质

A. 积极进步,积极进步的思想价值体系只是符合历史与社会发展潮流,能推动人类社会进步的思想价值体系;

---

① 潘煜. 影响中国消费者行为的三大因素[M]. 上海:上海三联书店,2009:46.

② 刘佳. 多层聚合:社会主义核心价值观的理论来源研究[M]. 北京:冶金工业出版社,2014:40-41.

B. 消极落后，消极落后的价值体系是指不符合历史与社会发展潮流，阻碍人类社会进步的思想价值体系；

C. 两者都有，是指既有积极进步的思想价值体系又有消极落后的思想价值体系。

(三)语言

1. 篇幅

A. 100 字以内　B. 200～300 字　C. 300～500 字　D. 500～1000 字 E. 1000 字以上

2. 导语的句子数量

A. 1 个句子　B. 2～3 个句子　C. 3 个句子以上

(四)结构

1. 有无标题

A. 有　B. 无

2. 标题结构

A. 单行标题是指只有一行主标题；

B. 两行标题，是指有两行主题或者一行主标题带上一行眉题或副标题；

C. 三行标题，是指有三行主题或者眉题、主标题和副标题兼备的标题。

3. 导语的结构

A. 单段落导语，是指位于消息的开头部位，由一个自然段落构成的导语；

B. 复合导语，是指位于消息的开头部位，由两个自然段构成的导语。第一段虚写，造成悬念，吸引读者；第二段实写，抖开包袱，说明"何事"。

4. 是否为连续报道

A. 是　B. 否

5. 连续报道类型

A. 系列报道，是指围绕某一主题或已经发生的新闻事件所做的多侧面报道，要求单篇新闻至少 1 篇;①

B. 追踪报道，是指对正在发生、发展的新闻事件进行及时、持续的报道，从而追踪事态发展，分析事件原因及影响，形成对事件相对完整的深度报道;②

C. 其他，这两类报道之外的其他连续性报道。

6. 段落结构

A. 1 个段落　B. 2 个段落　C. 3 个段落及以上

二、以词汇为分析单位

标题中的动词数量

A. 1 个动词　B. 2 个动词　C. 3 个动词　D. 4 个以上动词

三、以句子为分析单位

表达方式

表达方式是由表达内容与表达目的所决定的使用语言的方式。有五种类型:

A. 叙述，是指作者在新闻报道中对人、事物和环境的发展变化等所作的叙说和交代。

B. 描写，是指作者用形象生动的语言，把人、物、场面等的状态、行为、语言等具体描绘出来，使受众如见其人、如闻其声、如临其境。一般分为人物描写、景物描写。描写不关注事实的整体演进，强调对事物局部的精细观察，这与重在事件过程的叙述有别。

C. 抒情，是指关于作者思想感情的表达。它与叙事相对，具有主观

---

① 曾祥敏，周逑. 电视新闻学[M]. 北京：中国传媒大学出版社，2015：146.

② 曾祥敏，周逑. 电视新闻学[M]. 北京：中国传媒大学出版社，2015：136.

性、个性化等特征。

D. 议论，是指作者对写作客体或有关问题发表意见和看法，以表明自己的立场、观点与态度。通过摆事实、讲道理，对人或事物发表观点和看法，通常主观色彩较强。

E. 说明，是指作者把事物或事理的外貌、特征、性质、功用等，用简明扼要的文字，加以解说的表达方式。

第五节　编码及信度检验

为了检验编码条目的信度，本研究随机抽取了新华社和美联社 2016 年的新闻报道 20 篇（美联社和新华社各 10 篇），新华社、美联社 2016 年对"埃博拉"的新闻报道 10 篇（新华社和美联社各 5 篇），由两位经过培训的编码员（一位编码员为新闻专业的在读博士，另一位为传播学专业的青年教师）独立编码，然后通过内容分析相互同意及信度检验公式进行测量（Holsti，1969）：

$$相互同意度 = \frac{2M}{N1+N2}$$

$$信度 = \frac{n \times (平均相互同意度)}{1+[(n-1) \times 平均相互同意度]}$$

信度 =（M 是完全编码相同的次数，N_1 是编码员 1 的同意数量，N_2 是编码员 2 同意的数量，n 是参与编码人员的数量）

经编码检验，各项指标的信度分别是：有无作者的信度为 100%，篇幅为 100%，有无标题为 100%，标题结构为 95%，标题中的动词数为 90%，导语结构为 100%，导语中的句子数为 100%，段落结构为 100%，是否为连续报道为 97%，连续报道的类型 90%，反映生活领域的广泛性为 95%，关注区域的广泛性为 97%，新闻的基本要素完整为 100%，信源权威为 95%，报道主体明确为 100%，新闻的及时性为 95%，新闻的生动性为 95%，新闻的客观性为 90%，是否有背景材料为 100%，背景材料出现的位置为 95%，表达方式为89%，是否有倾向性为95%，情感倾向性的表现类型为90%，倾向性的表现为89%，倾向性冲突为100%，思想的价值体系性质为100%。思想倾向性表现实体、倾向性的思想走向，在第一次编码时，信度分别为82%和75%。通常情况下，内容分析的信度达到85%才符合要求。因此，本研究对思想倾向性表现实体和倾向性的思想走向的界定进行了调整，并向编码员进行了阐释。之后，进行第二次编码，信度分别为89%和86%，符合信度要求，因此本研究的类目分类和编码符合相关信度的标准。

第六节　研 究 发 现

本节包括对2016年新华社和美联社全年新闻报道样本的测量，以及对2016年新华社和美联社对埃博拉报道样本的测量。

一、有无作者

数据显示，新华社新闻报道明确标识出作者的占80.8%，美联社新闻报道明确标识出作者的占45.2%，新华社的占比高出美联社35.6%。由此可见，新华社更注重新闻报道主体的明确性。一方面是因为我国新闻界一直倡导新闻报道"文责自负"；另一方面新闻报道主体明确也是新闻真实性的一种体现。相较之下，美联社超过一半(占54.8%)的新闻报道没有标明作者，尤其是体育新闻，表现更为明显。原因一：美联社对记者的署名要求非常严格，只有当记者确实到达过电头署名的地点采集信息，才能署上记者的名字。否则，不署名。[①] 对于美联社来说，稿件署名只是告诉读者记者就在事件发生现场，不是衡量新闻真实性的最终指标。原因二：美联社的编辑部对署名有较大的主导权，比如有很多记者共同采写的一篇新闻，署名就是由编辑来决定。为了强调媒体的报道主体性，美联社通常不署记者名字，而是直接用机构名称，如"By The Associated Press"。由此可

---

① 张宸. 当代西方新闻报道规范[M]. 上海：复旦大学出版社，2008：61.

见，有无作者对中美通讯社来说，具有不同的意义。

表 3-1　　　　　　　　　新华社、美联社有无作者统计

媒体	项目类别	频率	百分比
新华社	有	510	80.8
美联社	有	389	45.2
新华社	无	121	19.2
美联社	无	471	54.8

二、篇幅

图 3-1 显示：新华社新闻报道的篇幅主要集中在 300~1000 字。其中，500~1000 字的新闻最多，占到报道总数的 39.78%。其次是 300~500 字的新闻，占到报道总数的 26.62%。100 字以内的新闻最少，占到报道总数的 7.77%。

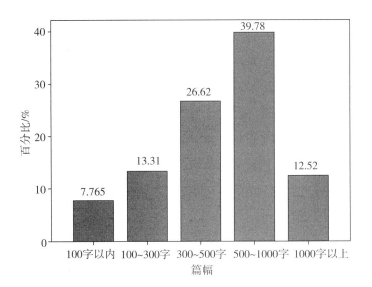

图 3-1　新华社新闻报道篇幅统计

　　图 3-2 显示：美联社 100~300 字的新闻报道最多，1000 字以上的新闻最少，500~1000 字的新闻也较多。

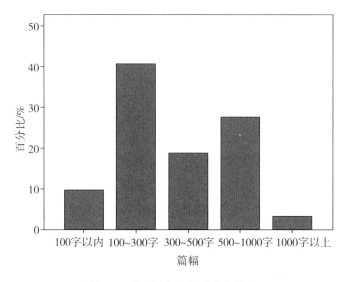

图 3-2　美联社新闻报道篇幅统计

　　从上述统计可以看出，新华社最多的是 500~1000 字篇幅的新闻，1000 字以上的新闻也占到了总数量的 12.5%，总计，500 字以上的新闻比例为 52.3%。美联社最多的是 100~300 字篇幅的新闻，占报道总量的 40.7%；100 字以下的新闻也占到了总数量的近 10%，总计，美联社 300 字及其以下的新闻占比为 51.4%。由此可见，美联社的新闻报道从总体看篇幅比较短小。虽然其 500~1000 字篇幅的新闻报道也占到了总量的 27.6%，但是，这些新闻报道都是即时跟踪报道，以倒叙的手法把新闻事件最新的发展变化最先展现在读者面前，文章以若干适宜的时间点为切割单位，把一篇长文切分成若干片段，一一展现给读者，使读者既及时了解了新闻事件最新的发展变化，又避免了长时间阅读带来的沉闷与疲劳感。如下文，就采用了该种手法。

The Latest: *Russia has held important talks with US on Syria*

BEIRUT (*AP*) - *The Latest developments on the war in Syria and the tens of thousands of Syrians fleeing violence* (*all times local*):

11: *00 p. m.*

Russia's U. N. ambassador says Moscow has been holding "very important" discussions with the United States on a possible cease-fire in Syria and hopes a meeting of key nations in Munich on Thursday will pave the way for new peace talks.

Vitaly Churkin told reporters after Security Council consultations on the Russian-backed Syrian offensive in Aleppo that "we're not about to be apologetic about what we're doing."

He said "hopefully if and when the situation (in Aleppo) is corrected there will be more optimism for a political settlement."

New Zealand and Spain called Wednesday's council meeting and urged serious consideration of "a humanitarian pause" to enable assistance to get through to Aleppo.

Churkin said Russia would welcome a discussion on a pause "as something leading to a long-term permanent cease-fire."

———

8: *15 p. m.*

Britain has called on Russia to stop its aerial bombing in Syria and use its influence on President Bashar Assad to get a cease-fire and access for humanitarian aid - demands that Moscow approved in a Security Council resolution in December. Britain's U. N. envoy Matthew Rycroft told reporters that progress on those issues would get a Thursday meeting in Munich of nations trying to end the conflict "off to a more productive start."

He spoke Wednesday, ahead of a Security Council meeting on Syria.

France's U. N. Ambassador Francois Delattre stressed that improving the humanitarian situation "is the condition for a credible political negotiation."

　　He says "the regime and its allies cannot pretend that they are extending a hand to the opposition while with their other hand they are trying to destroy them."

　　——

　　……

　　文章采用倒叙的手法安排新闻的报道结构，以若干个时间点为切割单位，把一篇 1200 多字的长文，划分为 10 个片段，既彰显美联社追求新闻时效性的用意，又增强了文章的易读性，避免了冗长沉闷。

三、标题

　　图 3-3 显示：新华社 93.50% 的新闻有标题，6.50% 的新闻没有标题。

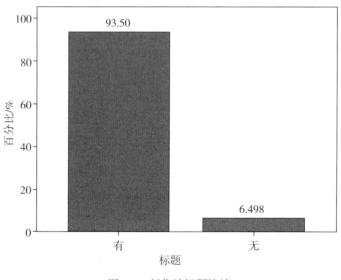

图 3-3　新华社标题统计

　　图 3-4 显示：美联社 96.05% 的新闻有标题，3.95% 的新闻没有标题。

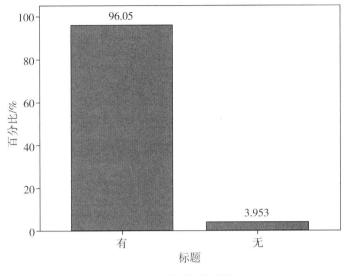

图 3-4 美联社标题统计

　　从上述统计可以看出，不论新华社还是美联社，有标题的新闻都占到了 90% 以上，说明两家媒体对新闻标题都是比较重视的。在进行数据编码的过程中，研究者也发现没有标题的新闻，两家媒体基本上是一句话快讯。从统计数据看，新华社无标题新闻的占比是 6.498%，美联社无标题新闻的占比是 3.953%。由此可见，新华社的一句话快讯比美联社多。这说明随着传播技术的发展，新华社通过增加快讯这种新闻报道形式，抢占报道先机，提高新闻的时效性。

　　四、标题结构

　　图 3-5 显示：新华社除去 6.5% 的新闻没有标题外，其余 92.55% 是单行标题，0.48% 是两行标题，0.47% 是三行标题。

　　图 3-6 显示：美联社除去近 4.0% 的新闻没有标题外，其余 95.81% 是单行标题，0.23% 是两行标题，三行标题为 0。

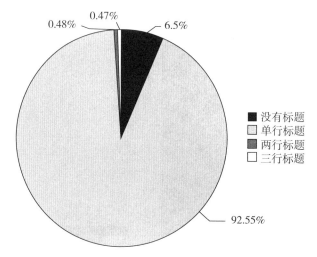

图 3-5　新华社标题结构统计

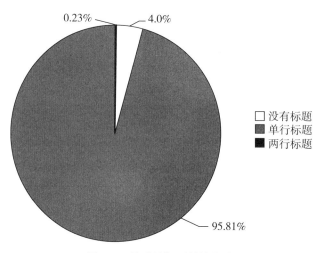

图 3-6　美联社标题结构统计

从以上统计可以看出，不论是新华社还是美联社，单行标题均占绝对优势，两行标题和三行标题的新闻都较少，但比较起来，新华社更多。单行标题是单一型结构标题中的一种，只有主题（或称为实题），没有辅题，简洁明确。① 两家媒体单行标题都占到有标题新闻的90%的以上，表明它们都倾向于制作简洁的标题。

两行标题和三行标题分为两种情况：其一是单一型结构标题，因标题太长，为美观需要或受版面空间限制等，排版时被分成两行或三行。但这种标题依然是只有主题，没有辅题。其二是复合型标题。复合型标题由主题、引题和副题构成。以主题为核心，与引题、副题随机组合。引题，位于主题之前，起引导作用，可以交代背景，说明原因，也可以揭示意义，烘托气氛。副题，位于主题之后，通常对主题进行补充和解释等。② 因此，新闻报道出现两行及以上标题，要么是标题长，要么是标题需承载丰富的信息量。新华社作为一贯重视新闻简洁性的通讯社，其两行及以上标题多，说明它重视标题中的大信息量。美联社两行及以上标题数量很少，只占到报道总量的0.23%，表明美联社的标题倾向于突出新闻最有价值的部分和简洁性。

五、标题中的动词数量

从表3-2可知，新华社新闻报道的标题中，2个动词的最多(33.1%)；美联社新闻报道标题中，1个动词的最多(52.1%)。同时，新华社新闻报道标题中的动词数量偏向走高，其中3个动词和4个动词的标题数量分别为19.7%和9.4%，明显高于美联社的4.7%和1.5%。而美联社标题中的动词数，明显偏向于走低，比如0动词的比例达到12.8%；而新华社只有1.7%。动词数量的多少，一是和信息量的大小有关。标题中的动词数量越多，标题中涵盖的信息量就越大，反之亦然。新华社与美联社的数据差异说明：新华社更注重标题丰富的信息量，而美联社更注重在标题中凸显新闻的价值。这一点，与标题结构统计结果内涵吻合。二是和句子的复杂程度和长短有关。句子中，动词数量越多，句子可能就越长或者越复杂。动

① 郑兴东.报纸编辑与评论[M].北京：中央广播电视大学出版社，1987：88.
② 郑兴东.报纸编辑与评论[M].北京：中央广播电视大学出版社，1987：88.

词数量越少，句子可能就越简洁。新华社标题中的动词数量多，说明新华
社的标题结构较为复杂或者标题较长。美联社标题中的动词数量少，说明
美联社更注重突出标题的简洁性。

表 3-2　　　　　　　　新华社、美联社标题中动词的数量统计

项目 \ 媒体	新华社（百分比）	美联社（百分比）
0 个动词	1.7	12.8
1 个动词	29.6	52.1
2 个动词	33.1	29.0
3 个动词	19.7	4.7
4 个动词及以上	9.4	1.5

六、导语的结构

图 3-7 显示：新华社单段落导语的占比为 97.31%，复合导语的占比
为 2.69%。

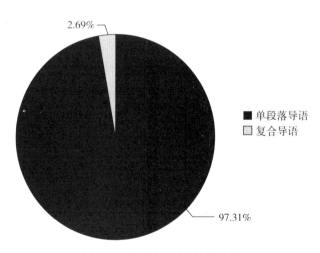

图 3-7　新华社导语的结构统计

图 3-8 显示：美联社单段落导语的占比为 78.84%，复合导语的占比为 21.16%。

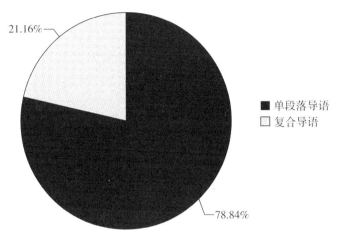

图 3-8 美联社导语的结构统计

由上述数据可知，新华社和美联社单段落导语均较多，新华社为 97.31%，美联社为 78.84%。单段落导语是指位于消息的开头部位，由一个自然段落构成的导语。这种导语讲究效率和对读者的冲击，特点是开门见山，简洁明了。① 新华社和美联社单段落导语都最多，表明它们都比较重视新闻报道的及时性和简洁性。

复合导语美联社是 21.16%，新华社是 2.69%，美联社是新华社的近 8 倍。复合导语是指位于消息的开头部位，由两个或两个以上自然段构成的导语。第一段虚写，造成悬念，吸引读者；第二段实写，抖开包袱，说明"何事"。② 复合导语通常情况下较为生动，可读性强。美联社复合型导语多，表明美联社在讲究新闻的时效性和简洁性的同时，充分利用一切适当的机会打造新闻的生动性和可读性。

① 玉国. 新编新闻写作技巧与范例［M］. 北京：蓝天出版社，2004：87.
② 刘明华，等. 新闻写作教程［M］. 北京：中国人民大学出版社，2002.

七、导语中的句子数量

图 3-9 显示：新华社新闻报道 61.33% 的导语是一个句子，35.66% 的导语是 2~3 个句子，3.01% 的导语是 3 个句子及以上。

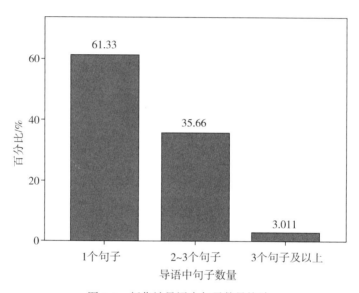

图 3-9　新华社导语中句子数量统计

图 3-10 显示：美联社新闻报道 74.19% 的导语是一个句子，18.72% 的导语是 2~3 个句子，7.09% 的导语是 3 个句子及以上。

从上述数据可知，不论是新华社还是美联社，其新闻报道 1 个句子的导语占绝大多数（美联社为 74.19%，新华社为 61.33%），说明两家媒体都倾向于追求导语的简洁性。但相较而言，美联社 1 个句子的导语更多，而新华社 2 个以上句子的导语更多。这说明美联社的简洁性更强。而新华社在追求简洁性的同时，亦注重导语丰富的信息量。在生活节奏越来越快的当下，追求导语丰富的信息量，一是会遮掩最有价值的信息；二是不利于读者快速阅读。

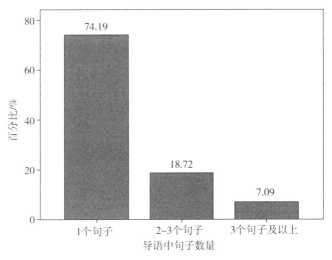

图 3-10　美联社导语中句子数量统计

八、段落结构

图 3-11 显示：新华社 3 个段落及以上的新闻报道数量占到总报道数量的 87.16%，1 个段落的新闻报道占比为 12.04%，2 个段落的新闻报道占比仅为 0.79%。

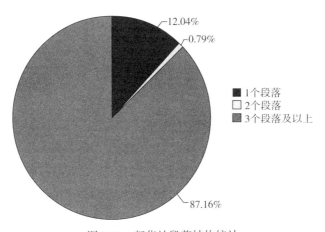

图 3-11　新华社段落结构统计

图 3-12 显示：美联社 3 个段落及以上的新闻报道占比为 94.42%，1 个段落的新闻报道占比为 4.30%，2 个段落的新闻报道占比为 1.28%。

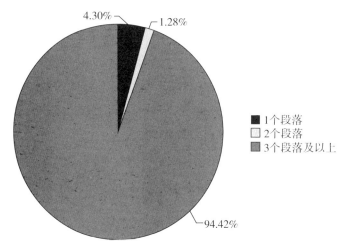

图 3-12　美联社段落结构统计

从上述数据可知，新华社 3 个段落及以上的新闻比例为 87.16%，美联社为 94.42%。在一定的篇幅中，段落越多，单个段落的字数就越少，段落就越简洁。段落简洁，意味着作者在写作时需避免赘言以及与报道主题无关的语言成分，用语精炼有力，主题思想的表达不受无关信息的干扰。[①] 新华社和美联社 3 个段落及以上的报道占绝大多数，表明它们在文章结构的安排上，都讲求信息传播的时效性，一个段落只说明一个问题或者一个观点，信息传播的速度快、效率高。尤其是美联社，300 字以下的新闻报道占大多数，而 3 个段落及以上的报道又占到总数的 94.4%，说明它的新闻报道更简明扼要，可读性更强，时效性更高。

九、是否为连续报道

图 3-13 显示：新华社有 38.99% 的新闻报道为连续报道，61.01% 的报道为非连续报道。

---

① 董启明. 简明英语写作指南[M]. 北京：外文出版社，2007：123.

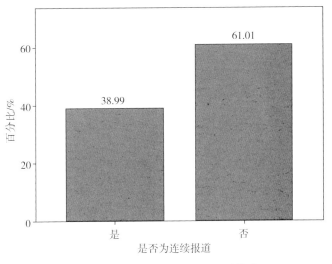

图 3-13　新华社是否为连续报道统计

图 3-14 显示：美联社有 27.67% 的新闻报道为连续报道，72.33% 的报道为非连续报道。

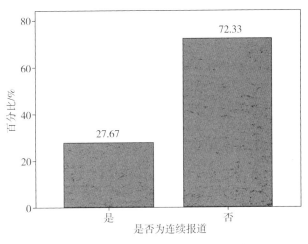

图 3-14　美联社是否为连续报道统计

从上述统计可以看出，不管是新华社还是美联社，连续性报道的比例都比较低，新华社是 39%，美联社是 28%。一般情况下，主题重大、社会影响力大或内容丰富的新闻事实，才适合做连续报道。① 新华社和美联社连续报道的比例低，与连续报道对新闻事实的性质要求有关。另外，统计数据也显示，新华社的连续报道比例高于美联社。连续报道的内容丰富、信息量大，② 新华社连续报道多，说明其比较注重信息的广度和深度。

十、连续报道的类型

由表 3-3 可知，新华社系列报道最多，占到 22.7%，其次是追踪报道，占到 16.2%，其他连续报道类型最少，仅为 0.2%；美联社系列报道和追踪报道比例基本持平，分别为 13.4% 和 14.1%。系列报道是围绕一个主题或一个事件，以外在形态和内在规律为序，多角度、多侧面、多层次、多方式进行的系统、深入的报道。③ 系列报道旨在系统、深入地反映某一事件或某一主题。新华社系列报道多说明其作为国家通讯社，比较注意信息的完整性。根据统计数据，新华社和美联社的追踪报道差别不大，说明对有追踪价值的新闻事实，新华社与美联社的做法基本一致。同时，美联社没有其他类型的连续报道，新华社其他类型的连续报道也比较少。这说明两家媒体在连续报道上都比较倚重系列报道和追踪报道。

表 3-3　　　　　　　　　新华社、美联社连续报道类型统计

媒体 项目	新华社		美联社	
	数　量	百分比	数　量	百分比
系列报道	143	22.7	115	13.4
追踪报道	102	16.2	121	14.1
其　他	1	0.2	0	0

① 曾祥敏，周逵. 电视新闻学［M］. 北京：中国传媒大学出版社，2015：137.
② 曾祥敏，周逵. 电视新闻学［M］. 北京：中国传媒大学出版社，2015：129.
③ 曾祥敏，周逵. 电视新闻学［M］. 北京：中国传媒大学出版社，2015：146.

十一、反映生活领域的广泛性

图 3-15 显示：新华社有 28.68% 的政治新闻，24.09% 的社会新闻，23.14% 的经济新闻，8.40% 的科技新闻，8.08% 的体育新闻，5.71% 的军事新闻，1.90% 的文化新闻，以政治新闻、社会新闻、经济新闻为主。

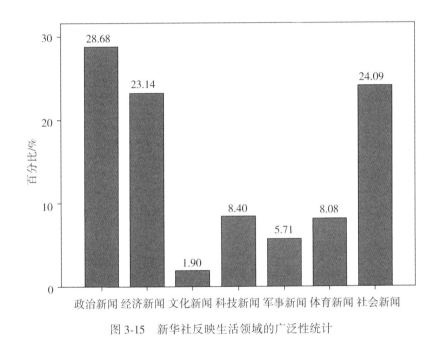

图 3-15　新华社反映生活领域的广泛性统计

图 3-16 显示：美联社有 34.42% 的体育新闻，29.77% 的社会新闻，15.70% 的政治新闻，14.07% 的经济新闻，2.44% 的文化新闻，1.86% 的科技新闻，1.74% 的军事新闻，体育新闻占比最多。

从以上数据可知，新华社的政治新闻最多，美联社的体育新闻最多；而对于社会新闻，新华社和美联社都是比较重视的，均排在两家媒体新闻报道的第二位。新华社的经济新闻也比较多，占到新闻报道总量的 23.14%，略次于社会新闻（24.09%）。美联社政治新闻与经济新闻报道基本持平，分别为 15.7% 和 14.07%，说明美联社对政治和经济的关注没有

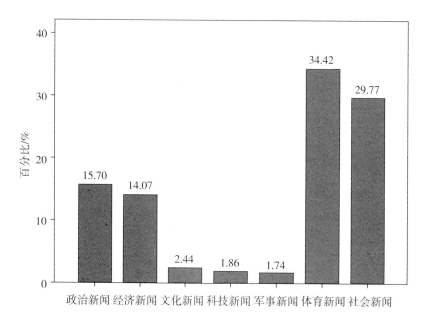

图 3-16　美联社反映生活领域的广泛性统计

多少偏重，在注重休闲娱乐的同时，把政治和经济放在同等重要的位置。对于新华社来说，作为党和政府的喉舌，比较关注政治，对于影响国计民生的经济问题也放在比较重要的位置。这与美联社偏爱体育新闻等软新闻截然相反。但是，随着市场经济的深入发展，新华社在报道政治经济等硬新闻的同时，大大增加了社会新闻的报道数量，以适应市场，满足广大受众的信息需求。随着国家对科技创新的倡导，新华社对科学技术的发展变化也比较关注，这类新闻相较于文化新闻、军事新闻等比例偏高。综合以上数据可知，美联社偏重体育、社会等软新闻；新华社偏重政治和经济等硬新闻，同时对社会新闻等软新闻也给予足够的重视。

十二、关注区域的广泛性

由表 3-4 中数据可知，美联社的关注焦点主要在国内，国内新闻报道占到报道总数量的 76.7%。对于本国之外的其他国家和地区，关注较少。

尤其是涉及国家层面的双边关系，更是极少关心。说明美联社更关注本国的事务，更倾向于传播美国本土的信息。同时，对本国事务的关注更倾向于国家层面以下的普通人的利益，与美国重视个体的平等与权利有关。相较于美联社，新华社的表现则大不同：一是新华社国内报道（43.7%）和国际报道（42.0%）基本持平，说明新华社不仅关注国内事务，也同样关注国际事务，把国内事务与国际事务摆在几乎同等重要的位置。同时，在信息的传播上，没有国内国际的偏向，信息流动是对等的，显示出一个大国胸怀世界的情怀，同时在信息的传播上不称霸，注意平等。二是对于国家层面的双边关系，新华社也给予了更多的关注。说明新华社作为世界级的国家通讯社，关注国家利益、国家发展。

表 3-4　　　　　　　新华社、美联社关注区域的广泛性统计

媒体 项目	新华社		美联社	
	数　量	百分比	数　量	百分比
国　　内	276	43.7	660	76.7
国　　际	265	42.0	121	14.1
双边关系	38	6.0	9	1.0
其　　他	52	8.2	70	8.1

另外，对于区域边界不清晰的其他选项，新华社（8.2%）和美联社（8.1%）的占比基本相同，说明两家媒体对于没有区域界别之分的体育和科技等，同样关注。

十三、新闻的基本要素完整性

图 3-17 显示：新华社有 99.52% 的新闻基本要素完整；有 0.48% 的新闻基本要素不完整。

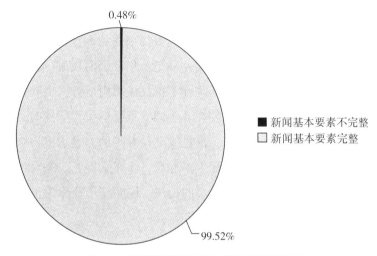

0.48%

■ 新闻基本要素不完整
□ 新闻基本要素完整

99.52%

图 3-17 新华社新闻的基本要素完整性统计

图 3-18 显示：美联社有 90.70% 的新闻基本要素完整；有 9.30% 的新闻基本要素不完整。

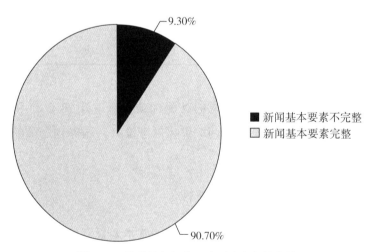

9.30%

■ 新闻基本要素不完整
□ 新闻基本要素完整

90.70%

图 3-18 美联社新闻的基本要素完整性统计

从上述统计可知，新华社和美联社新闻基本要素完整的新闻报道都占了绝对优势,新华社为99.52%,美联社为90.70%。新闻基本要素完整是保证新闻真实性的一个重要方面。两家媒体新闻基本要素完整的比例很高,说明两家媒体都比较重视新闻的真实性,恪守新闻的生命线。但是,相较而言,新华社新闻基本要素完整的新闻报道比例比美联社高出近9个百分点,说明新华社在恪守新闻生命的底线上,更胜一筹,其新闻报道的真实性更高。

十四、信源权威

从表3-5可以看出,新华社和美联社都比较注重信源的权威性。但是,相较而言,新华社的比例更高,达到74.2%,而美联社只有53.3%。说明新华社新闻报道的权威性更高。

表3-5 新华社、美联社信源权威统计

项目＼媒体	新华社		美联社	
	数　量	百分比	数　量	百分比
信源权威	468	74.2	458	53.3

十五、报道主体明确

从表3-6中统计数据可知,新华社新闻报道主体明确的新闻比例高达80.8%,美联社只有45.2%。说明新华社非常重视新闻报道主体的明确性。在我国,新闻报道主体的明确性是增强新闻真实性的一个重要砝码。新华社通过强化新闻报道的主体明确性,提高新闻的真实性,彰显了新华社对新闻真实性的追求。而美联社由于对记者署名的要求非常高,若记者不在新闻现场就不能署名,再加上其更注重突出报道媒体的主体性,而不是记者,因此其新闻报道无具体作者的就比较多。

表 3-6   新华社、美联社新闻报道主体明确统计

媒体 项目	新华社		美联社	
	数　量	百分比	数　量	百分比
报道主体明确	510	80.8	389	45.2

十六、新闻的及时性

图 3-19 显示：新华社当天新闻报道占报道总量的 65.45%，翌日报道为 12.04%，"近日"之类的表述为 10.78%，预测新闻为 4.91%，时间不详为 4.91%，三天后报道为 1.74%，即时报道为 0.16%。

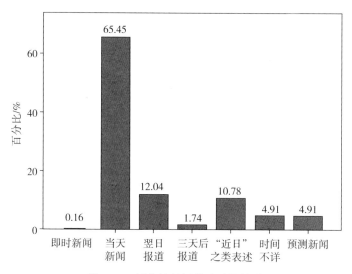

图 3-19　新华社新闻的及时性统计

图 3-20 显示：美联社当天新闻报道占报道总量的 46.86%，时间不详为 26.40%，翌日报道为 16.40%，预测新闻为 3.14%，"近日"之类的表述为 2.91%，三天后报道为 2.67%，即时报道为 1.63%。

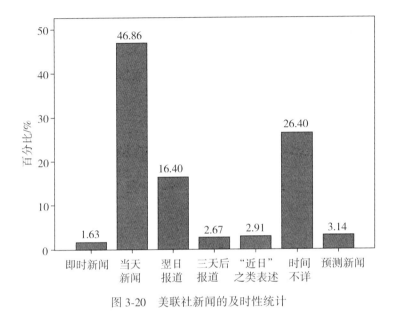

图 3-20　美联社新闻的及时性统计

　　从以上统计可知，美联社和新华社都比较注重当日新闻当日报道。三天之后的报道都比较少。相较而言，新华社总体上更倾向于当天新闻当天报道，其当天新闻报道的比例高出美联社近 18 个百分点，同时翌日报道比美联社低近 4 个百分点。但是，在新闻的即时性上，美联社要高出新华社 1.4%。这说明两家媒体都比较重视新闻的及时性，但是在新闻的即时报道上，新华社稍微落后一些。另外，新华社的新闻报道中使用"近日"之类的模糊表述比较多，高于美联社近 8 个百分点。而美联社时间不详的新闻报道比例比较高，高达 26.4%，高出新华社近 21%。说明美联社在时间不清楚的情况下，宁可不标明时间，也不用"近日"之类的模糊语言损耗新闻的及时性。不标明新闻事实的发生时间，一方面是因为有些新闻事实，比如一些生活现象，难以确定具体发生的时间。而有些新闻事实，受众更关心的是结果，比如体育赛事。另一方面，可能是通过突出新闻事实，转移受众的注意力，削弱受众对时间的关注，以掩饰媒体新闻报道滞后的缺陷。

十七、新闻的生动性

从表 3-7 可知，不论是新华社还是美联社，其新闻报道在材料的运用上都倾向于既有概括性材料又有细节性材料。概括性材料简明扼要，粗线条展现事实轮廓；细节性材料描写具体细致，展现细节。新华社、美联社新闻报道"两者都有"比例最高，说明两家媒体在叙述新闻事实时，既重视事实轮廓的展示，又注意凸显关键性细节。尤其是新华社，概括性材料与细节性材料都有的新闻报道，占到报道总数的 83.7%，比美联社高出 23.7%，说明新华社更倾向于两者兼顾。同时，统计数据也显示，不论是只有概括性材料的新闻还是只有细节性材料的新闻，新华社都比美联社低，这从另一个侧面说明了新华社更倾向于既用概括性材料，又用细节性材料。但是，研究者在进行编码时也发现，虽然美联社总体上两者兼顾的新闻报道比例没有新华社高，但是，由于其细节性材料的使用比例远远高于概括性材料，其新闻的可读性和生动性更强。由此可以得出，新华社虽然越来越重视新闻的可读性，重视在新闻报道中既使用概括性材料又使用细节性材料，但是由于细节性材料的比例低，生动性并没有美联社强。

表 3-7　　　　　　　　**新华社、美联社新闻的生动性统计**

媒体\项目	新华社		美联社	
	数　量	百分比	数　量	百分比
概括性材料	101	16.0	340	39.5
细节性材料	2	0.3	4	0.5
两者都有	528	83.7	516	60.0

十八、新闻的客观性

从表 3-8 中的统计可知，新华社既使用事实性材料又使用观点性材料的新闻报道占总数的 58.5%，而美联社只有 33.4%，说明新华社更倾向于在新闻报道中既展现事实又表达观点。而美联社只使用事实性材料的新闻报道占报道总数的 65.8%，占该媒体所有新闻报道的大多数，说明美联社更倾向于只展现事实，不发表观点。这与美联社一直倡导的事实与观点分离的原则相符。

表 3-8   新华社、美联社新闻的客观性统计

媒体 项目	新华社		美联社	
	数 量	百分比	数 量	百分比
事实性材料	258	40.9	566	65.8
观点性材料	4	0.6	7	0.8
两者都有	369	58.5	287	33.4

十九、是否有背景材料

图 3-21 显示：新华社有 69.26% 的新闻有背景材料，30.74% 的新闻没有背景材料。

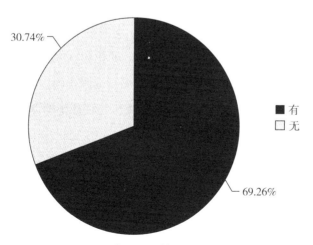

图 3-21　新华社是否使用背景材料统计

图 3-22 显示：美联社有 69.88% 的新闻有背景材料，30.12% 的新闻没有背景材料。

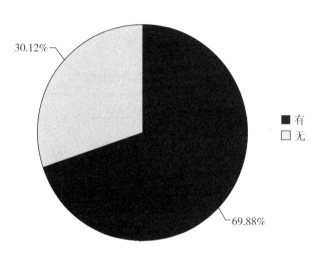

图 3-22　美联社是否使用背景材料统计

从上述数据可知，新华社和美联社都倾向于在新闻报道中使用背景材料，使用背景材料的新闻报道占两家媒体新闻报道总数量的近 70%，其中，新华社为 69.26%，美联社为 69.88%。背景材料是指在写作过程中，涉及的与新闻人物和新闻事件发生、发展相关的历史、原因、环境、条件等方面的材料。背景材料能够解释、烘托和深化主题；能够代替作者议论，使报道更客观；还能够补充情况、介绍知识、增添情趣，① 其在新闻报道中举足轻重的作用，使新华社和美联社都非常重视它的运用。

二十、背景材料出现的位置

图 3-23 显示：新华社除去 30.74% 的新闻报道没有背景材料外，其余 58.95% 的新闻报道背景材料在主体中，6.97% 的新闻报道在两个地方以上

① 张浩. 新编当代传媒新闻写作大全［M］. 北京：北京工业大学出版社，2016：161.

有背景材料，3.17%的新闻背景材料在导语中，0.16%的新闻报道背景材料在标题中。

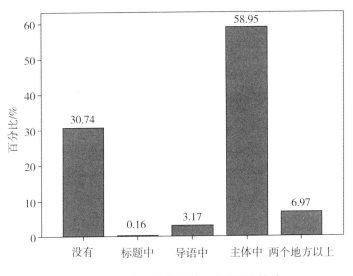

图 3-23 新华社背景材料出现的位置统计

图 3-24 显示：美联社除去 30.12% 的新闻报道没有背景材料外，其余 64.42% 的新闻报道背景材料在主体中，4.56% 的新闻报道在两个地方以上有背景材料，0.93% 的新闻背景材料在导语中。美联社标题中没有出现背景材料。

从上述统计可知，不论是新华社还是美联社，背景材料更多是放在新闻报道的主体中，主体中的背景材料分别占了全部的 58.95% 和 64.42%。在新闻报道的主体中运用背景材料，有利于把新闻事件发生的背景、来龙去脉、前因后果等交代清楚。

从统计数据看，新华社除了在主体中多使用背景材料，在标题和导语中背景材料的使用也比美联社多。其中，导语中，新华社背景材料的使用比例是 3.17%，美联社是 0.93%，新华社是美联社的 3 倍多。标题中，新

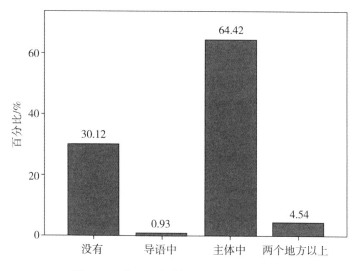

图 3-24　美联社背景材料出现的位置统计

华社也有背景材料的运用，虽然数量很少，但是相较于美联社的没有来讲，还是有背景材料的出现。运用背景材料可以增加信息量，扩展信息深度，这与新华社重视在新闻中传播更丰富的信息有紧密关系。但是，在标题和导语中使用背景材料容易使新闻最有价值的部分受到损害，新闻的简洁性也会被削弱。美联社在标题中不用背景材料，在导语中少用背景材料，说明其更重视新闻的简洁性和突出新闻的价值。

二十一、是否有倾向性

图 3-25 显示：新华社有 84.15% 的新闻报道有倾向性，有 15.85% 的新闻报道没有倾向性。

图 3-26 显示：美联社有 69.65% 的新闻报道有倾向性，有 30.35% 的新闻报道没有倾向性。

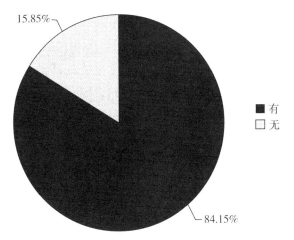

15.85%

84.15%

■ 有
□ 无

图 3-25　新华社是否有倾向性统计

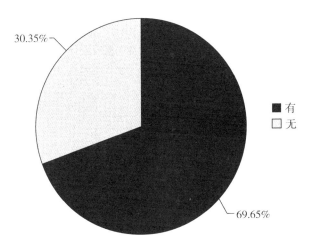

30.35%

69.65%

■ 有
□ 无

图 3-26　美联社是否有倾向性统计

从上述分析可知，不论是新华社还是美联社，其新闻报道的绝大多数都有倾向性(新华社为 84.15%，美联社为 69.65%)，没有倾向性的新闻报道只是少数。说明两家媒体在大多数新闻报道中都有自己的思想、观点或情感倾向。只是相较而言，新华社新闻报道的倾向性比例比美联社高，说明新华社更倾向于在新闻报道中表达自身的观点、看法及思想情感。

二十二、情感倾向性的表现

从表3-9可以看出，新华社新闻报道中只体现出思想倾向性的报道比例是1.9%，美联社只有0.1%，新华社是美联社的19倍，说明新华社更倾向于在新闻中表达思想和观点。而只体现出情感倾向性的新闻报道，两家媒体都比只体现出思想倾向性的报道多，说明两家媒体都尽力通过选材委婉表达思想。而美联社的比例高于新华社6%，说明美联社在这方面表现得更为突出。另外，从统计数据看，不论是新华社还是美联社，其新闻报道的倾向性表现为"两者都有"的比例最高。其中，新华社为64.8%，美联社为46%。这与处于意识深层的思想会左右处于意识浅层的情感，而处于意识浅层的情感难以左右处于意识深层的思想的客观事实相符。

表3-9　　　　　　　　　　**新华社、美联社倾向性的表现统计**

项目 媒体	新华社		美联社	
	数　量	百分比	数　量	百分比
思　　想	12	1.9	1	0.1
情　　感	111	17.6	203	23.6
以上都有	409	64.8	396	46.0

二十三、思想倾向性的信息表现

从表3-10的统计可知，新华社思想倾向性信息表现较多的是意见（34.7%）、以上都有（30%）和立场（23.9%），单纯表现为价值体系的不多（1.1%）；美联社思想倾向性信息表现较多的是以上都有（19.7%）、意见（16.6%）和价值体系（9.1%），表现为立场的最少（1.3%）。

表 3-10　　　　　　　新华社、美联社思想倾向性信息表现统计

媒体＼项目	新华社		美联社	
	数　量	百分比	数　量	百分比
意见	219	34.7	143	16.6
立场	151	23.9	11	1.3
价值体系	7	1.1	78	9.1
以上都有	189	30	169	19.7

　　意见是人们对事情的一定的看法或想法;[1] 立场是认识和处理问题时所处的地位和所抱的态度;价值观是人们对经济、政治、道德、金钱等所持有的总的看法。[2] 三者处于思想意识的不同层面,是由浅入深的递进层级关系。价值观处于主体思想意识的最高层次,"是人们认识和实践活动的系统总结与理论提炼,又反过来参与和指导人们的认识与实践"。[3] 新华社的思想倾向性表现为意见、立场的比例高,说明其新闻报道的思想倾向性表现得更为显性,这与其鲜明地表现自己的意见立场等新闻观有关。而美联社涵盖价值体系的"以上都有"最高,单纯地表现出价值体系的选项也是新华社的 9 倍,说明美联社的思想倾向性表现得比较隐蔽。

二十四、倾向性的表现类型

　　图 3-27 显示:新华社除去 16.16% 的新闻报道没有情感倾向性外,其余 50.40% 的新闻是正面报道,21.71% 的新闻为负面报道,11.73% 的新闻为中性报道。

　　图 3-28 显示:美联社除去 30.35% 的新闻报道没有情感倾向性外,其

---

[1]　中国社会科学院语言研究所词典编辑室. 现代汉语词典[M]. 北京:商务印书馆,2012:1545.

[2]　中国社会科学院语言研究所词典编辑室. 现代汉语词典[M]. 北京:商务印书馆,2012:625.

[3]　陈章龙,周莉. 价值观研究[M]. 南京:南京师范大学出版社,2004:8.

余 47.33% 的新闻是负面报道，20.47% 的新闻为正面报道，1.86% 的新闻
为中性报道。

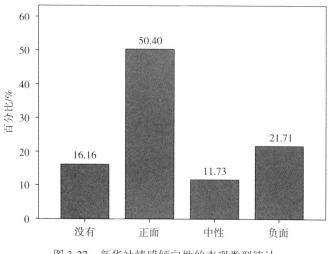

图 3-27　新华社情感倾向性的表现类型统计

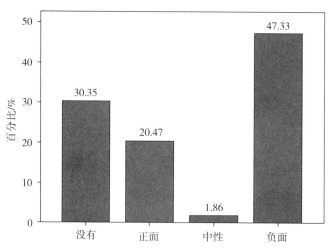

图 3-28　美联社情感倾向性的表现类型统计

上述统计可知，新华社的新闻报道更倾向于选择积极正面的新闻事
实，情感以褒扬为主，文章基调积极向上；美联社的新闻报道更倾向于选

择消极负面的新闻事实，情感以谴责批评等为主。说明新华社更倾向于正面宣传，美联社更倾向于负面报道。

二十五、倾向性的立场走向

表 3-11 中的统计数据可知，新华社倾向性的立场走向多为政策、马克思主义思想，美联社倾向性的立场走向多为西方价值观。这一方面与新华社新闻报道的题材多涉及政治、经济生活，而美联社的新闻报道多关注体育和社会生活有关；另一方面与两家媒体的性质和功能有关。

表 3-11　　　　　　　新华社、美联社倾向性的立场走向统计

项目\媒体	新华社		美联社	
	频率	百分比	频率	百分比
马克思主义思想	312	49.4%	2	0.2%
政　　策	334	52.9%	14	1.6%
中国传统价值观	123	19.5%	3	0.3%
西方价值观	36	5.7%	310	43.0%
以上都有	38	6.0%	10	1.2%

政治经济题材，涉及国家的路线方针政策以及经济的发展，对这些新闻事实进行判断，以党和国家的指导思想、方针政策等为依据是合适的。社会生活和体育题材，关涉广大民众的个人生活和休闲娱乐，对这些新闻事实进行判断，以社会主流的价值观为依据更为恰当。

新华社是国家通讯社，党和政府的喉舌，其新闻报道要以马克思主义思想为指导，以党和国家的路线方针政策为依据，要符合社会主义主流价值观和人类的优秀文化。美联社是合作型通讯社，因合作单位的性质不一，其新闻报道不依附任何党派和宗教，判断新闻事实依据该社会的价值观。

二十六、倾向性冲突

由表 3-12 中的统计数据可知，新华社的新闻报道不存在倾向性冲突，说明新华社报道主体的价值判断和价值观与新华社以及党和国家倡导的价值观是一致的。这是由新华社党的"喉舌"功能决定的。美联社只有 0.7% 的新闻报道存在倾向性冲突，说明美联社新闻报道主体的价值观念和该媒体及该国的主流价值观念是基本一致的。作为美国的主流媒体，美联社很显然会维护美国的国家利益。

表 3-12　　　　　　　　**新华社、美联社倾向性冲突统计**

项目 媒体	新华社		美联社	
	数　量	百分比	数　量	百分比
有	0	0	6	0.7
无	421	66.7	397	46.2

二十七、倾向性冲突的表现

从表 3-13 中的统计数据可知，新华社没有倾向性冲突，美联社的倾向性冲突只表现为具体价值判断之间的冲突。这种冲突与记者个体有关，受记者个体经验、经历和认识的影响，属于微观层次的冲突，不触及价值体系。

表 3-13　　　　　　　　**新华社、美联社倾向性冲突的表现统计**

冲突类型	新华社		美联社	
	数　量	百分比	数　量	百分比
具体价值判断之间的冲突	0	0	6	0.7
价值体系之间的冲突	0	0	0	0

二十八、思想的价值体系性质

从表 3-14 中的统计数据可知，不论是新华社还是美联社，其思想的价值体系性质基本是积极进步的。说明两家媒体都把促进人类社会的发展和进步作为自身的责任。

表 3-14　　　　　　新华社、美联社思想的价值体系性质统计

媒体 项目	新华社		美联社	
	数　量	百分比	数　量	百分比
积极进步	422	66.9	397	46.2
消极落后	0	0	1	0.1

二十九、表达方式

由图 3-29 的统计可以看出，新华社和美联社在新闻报道中都倾向于多用叙述的表达方式，在各自报道中分别占到 90.2% 和 93.5%。叙述是作者对人物、事件和环境的发展变化等所作的叙说和交代。这种表达方式是对现实中存在事物的真实摹写，客观性较强。两家媒体都倾向于不用或少用抒情，抒情的表达方式在两家媒体的新闻报道中均为 0。抒情就是抒发作者的思想感情，与叙述相比，主观性较强。新华社和美联社都把叙述作为消息写作的主要表达方式，而不用抒情的表达方式，说明两者都很注重新闻的客观性，尽力在新闻报道中使用客观性强的表达方式。另外，议论在新华社和美联社的新闻报道中基本持平，占比分别为 0.9% 和 1%，都非常低，说明两家媒体都尽力避免在新闻报道中直接表达观点。

两家媒体差异化比较明显的表达方式是描写和说明。根据统计数据，新华社的描写为 0，美联社的为 2.8%。美联社的描写比新华社多，与美联社强调新闻的故事性有关。为了使新闻像故事一样吸引人，美联社鼓励记者尽量多地发掘新闻事件的典型细节。而细节的展现离不开描写这种表达

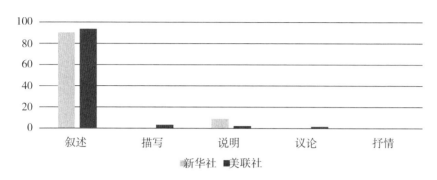

图 3-29　新华社、美联社表达方式统计（百分比）

方式。根据前文材料的运用统计，美联社细节性材料的运用较多。因此，其描写表达方式相应也较多。描写是用具体生动的语言，把事物状态等详细描绘出来，使受众得到强烈的艺术感染。在适当的时候，美联社充分利用这一表达方式来表明它更加注重新闻的感染力、生动性和可读性。说明的表达方式在新华社新闻报道中的占比是 8.8%，美联社的占比是 2.4%。说明是用简洁概括的语言，把事物的性质、功能、特征等阐述清楚，多出现在新闻背景的交代中。新华社重视新闻报道中背景材料的运用，在某种程度上也为说明表达方式提供了更多的出现机会。说明与叙述一样，冷静客观。如果把这两种表达方式的数量相加，新华社和美联社的总量基本持平，这从另一个侧面说明两家媒体均注重新闻报道的客观性。

　　为了进一步考察新闻的客观性，本研究亦对两家媒体在"埃博拉"报道中观点性材料和事实性材料的使用情况进行了考察，其中新华社观点性材料的占比为 13%，美联社观点性材料的占比为 10%。而表达方式中，新华社议论的占比为 0.9%，美联社议论的占比为 1%。通过两家媒体观点性材料与议论表达方式的对比，可以看出，无论是新华社还是美联社，其观点性材料的使用均远远超过其直接表达观点的议论。也就是说，两家媒体在表达观点时，很多时候不是通过议论这种直接的表达方式，而是以叙述事实的方式委婉含蓄地表现出来。

第七节 结论和讨论

一、结论

通过对新华社、美联社新闻报道从形式到内容的梳理和比较，本研究得出以下结论：

(一)新华社的新闻报道视野宏阔，高屋建瓴，立足全局

从报道的社会生活领域、关注区域的广泛性、概括性材料与细节性材料的使用等角度考察，发现新华社报道的关注区域比较广泛，对公共利益、地区与国家发展等宏观层面的社会生活领域给予更多的聚焦，同时在选材上，注重材料在更广泛区域的宏观指导或借鉴意义。具体表现为三个方面：

一是报道的全球视野。作为一个国际性通讯社，新华社的报道视野不仅仅聚焦国内，对于国际上发生的事情，同样给予了关注的目光。根据报道"关注区域的广泛性"统计结果，新华社国内新闻和国际新闻的比例相当，分别为43.7%和42.0%，相较于美联社76.7的国内新闻和14.1的国际新闻配比，新华社的新闻报道有如下特点：其一，视野更为广阔，显示出一个发展中国家的全球视野和大国情怀；其二，在信息的传播上注重区域平衡，不认同单边主义与霸权主义。

二是关注全局发展与公共利益。通观新华社新闻报道的选题，政治、经济、科技、军事新闻占了66%，只有34%的选题分布于社会、体育和文化领域。政治题材关涉国家的大政方针政策，经济题材关涉国家经济变动与经济发展，军事题材关涉国防，科技题材关涉全人类利益，这些题材覆盖的利益群体广泛，社会影响力大。相较于美联社更多关注体育、社会等微观层面的生活，新华社的新闻报道显然站位高、局势大、视野更为广阔。

　　三是反映全局。新华社的新闻报道注重反映全局。这一点，从其概括性材料的使用上可以看出，根据统计数据，新华社涵盖概括性材料的新闻占全部新闻的99.7%。概括性材料是用"简洁扼要的语言概括起来，集中反映事物的特点"的材料。① 概括性材料往往是关系事实的宏观性材料，着重于反映事物的广度和深度，与事物的性质、功能等往往联系密切。新华社几乎所有的新闻都用概括性材料，说明其比较注重反映宏观层面的情况。同时，两者都有(既有概括性材料，又有细节性材料的)，新华社的比例也比较高，为83.7%，比美联社高23.7%。说明新华社的新闻报道比较注重"点""面"结合。"点"往往是关于个别性事物的材料，体现出材料的细节性。细节性材料是微观材料、具体材料。新华社大部分报道把两种材料相结合使用，既能较好地反映事物的全貌，又能发掘细节性材料在全局中的典型意义。所以，细节性材料在新华社的报道中也是为全局服务的。这一点与第二章质化分析中所归纳出的结论"选题重大"在性质上是一致的。

　　美联社的新闻报道也比较注重概括性材料的使用，其涵盖概括性材料的新闻占全部新闻的99.5%。说明脱离整体情况，细节性材料的典型意义难以凸显出来。与新华社不同的是，美联社细节性材料的使用主要是增加新闻的生动性、趣味性和可读性，着重于满足受众的阅读需求。其概括性材料的使用有助于凸显细节性材料的典型意义与一般规律，与细节性材料相辅相成。

(二)新华社的新闻报道权威性高

　　从信源、观点表达、真实性和关注焦点看，新华社的新闻报道信源权威、观点鲜明、真实可靠、关注公众利益，权威性比较高。

　　其一，信源权威。信源权威与否直接关涉新闻报道的权威性。相较于普通民众，政府部门和专业机构的发言权威性更高。从统计数据看，新华

---

　　①　曹璐，吴缦. 新闻专稿教程[M]. 北京：广播电视出版社，1995：71.

社和美联社都比较注重信源的权威性（新华社权威信源占比为 74.2%，美联社权威信源占比为 53.3%）。但是，相较而言，新华社的比例更高，说明新华社新闻报道的权威性更高。

其二，观点鲜明。权威性是一种强大力量的象征。相较于直截了当、简洁鲜明的意见来说，吞吞吐吐、含混不清、遮遮掩掩的观点其冲击力显然要小得多。从统计数据来看，新华社的新闻报道不论从思想倾向性（新华社占比为 66.7%，美联社 45.7%）来看，还是从思想倾向的表现实体（新华社包含意见和立场的新闻报道比例为 98.6%，美联社为 38%）来说，其观点的表达都更为直截了当，更为鲜明。加之，这些观点多来源于权威人物或机构，其思想冲击力更强，权威性也更高。

其三，新闻基本要素完整。新闻基本要素完整是保证新闻真实性的基础。一篇新闻报道如果最基本的时间、地点、人物都缺失的话，难免让人对其真实性产生怀疑。所以，为了保证新闻的真实性，媒体都要求记者把新闻的基本要素在稿子中交代清楚。从统计数据看，不论是新华社还是美联社，基本要素完整的新闻占比都较高。说明两家媒体都非常重视新闻的真实性。但是，通过比较发现，美联社新闻基本要素缺失的新闻占比（9.3%）比新华社（0.48%）高，这一点也说明新华社的新闻的权威性更高。

其四，报道主体明确。报道主体是新闻信息的直接提供者，他们在新闻中出现是媒体通过这样一种暗示，告知读者这就是该信息的来源或者"证人"。根据心理认知机制，有作者的新闻与没有作者的新闻同时输送给读者，读者更相信有作者新闻的真实性。没有真实性，权威性就失去了基础。因此，报道主体明确可以让读者更相信媒体提供信息的真实可靠性，这样的新闻在读者心目中的权威性也更高。根据统计数据，新华社 80.8%的新闻报道主体明确，高于美联社，说明新华社的新闻权威性较高。

其五，关注国计民生。考察新华社新闻报道的选材发现：政治、经济、科技、军事题材占到 66%，与美联社体育与社会新闻占了半壁江山刚好相反。政治新闻涉及国家的大政方针政策，经济、科技、军事发展变化和发展走向等，对社会影响力大，权威性高。而体育新闻与社会新闻主要

105

是娱乐或服务人们的生活，对人们的切身利益没有关键性影响，重要性相对来说较低，并由此带来权威性不足。因此，相较于美联社，新华社的新闻权威性更高。而美联社主要是为私营企业性质的会员媒体服务，其更关注市场也在情理之中。体育新闻和社会新闻娱乐性强，更能吸引受众的眼球，从而带来更大的市场收益，符合各会员媒体的要求。

（三）新华社的新闻报道信息量更丰富

通过对新华社的标题结构、标题中的动词数量、导语中的句子数量、背景材料的使用位置、连续报道等考察，可以发现，新华社关注新闻报道的信息量，而美联社注重突出新闻价值。

其一，新华社多行标题比美联社多。标题是新闻的眼睛，旨在提示新闻的精华。根据结构的不同，标题可分为两类：单一型标题和复合型标题。单一型标题，一般为实题，简洁明快地告知最有价值的新闻事实。复合型标题是主题和眉题、副题的随机组合，有主题+眉题，主题+副题，眉题+主题+副题三种形式。眉题又名肩题，主要功用是介绍新闻背景、新闻意义等。副题，主要是补充或解释主题。因此，复合型标题的信息含量要比单一型标题丰富。新华社两行及以上标题的数量比美联社多，说明新华社更注重丰富的信息量。美联社基本所有的新闻只有主题，说明其更注意凸显新闻的价值。

其二，新华社导语包含的句子数高于美联社。从统计数据看，不论是新华社还是美联社，单段落导语都占了大多数，但是导语中的句子数量，新华社要比美联社多。其中，新华社有 2 个以上句子的导语占比为38.67%，比美联社高 12.86%。导语中的句子数量与导语的信息量和简洁性相关。正常情况下，句子越多，包含的信息量越大。新华社导语中的句子数量多，表明其倾向于通过导语传递更多的信息。而美联社导语通常为一句话，表明其在意导语是否传递了最有价值的信息。

其三，新华社在标题和导语中使用背景材料的数量比美联社多。背景材料是说明新事实的旧事实。从上述统计可知，不论是新华社还是美联社，在新闻报道的主体中多使用背景材料，分别占了58.95%和64.42%。说明两家媒体都非常重视在新闻报道的主体中运用背景材料把新闻事件的来龙去脉、前因后果等交代清楚。但是，从统计数据看，新华社除了在主体中多使用背景材料，在标题和导语中背景材料的使用也比美联社多，其中，导语中，新华社背景材料的使用比例是3.17%，美联社是0.93%，新华社是美联社的3倍多。标题中，新华社也有背景材料的运用，虽然数量很少，但是相较于美联社的没有来讲，还是有背景材料的出现。运用背景材料可以增加信息量，扩展信息深度，这与新华社重视在新闻中传播更丰富的信息有紧密关系。但是，在标题和导语中使用背景材料会使新闻最有价值的部分受到损害，新闻的简洁性也会被削弱。美联社在标题中不用背景材料，在导语中少用背景材料，说明其更重视新闻的简洁性和突出新闻的价值。

其四，连续报道多，尤其是系列连续报道。新华社连续报道的比例是38.99%，美联社连续报道的比例为27.5%。新华社的连续报道比美联社多。连续报道可以拓展新闻信息的广度和深度。新华社连续报道多，说明新华社比较注重信息的丰富性。

其五，新华社新闻报道的标题中，两个动词以上的标题占比较高。根据统计数据，新华社新闻报道的标题中，2个以上动词的标题占比为62.2%，美联社只有35.2%。动词数量的多少直接和信息量的大小有关。标题中的动词数量越多，标题涵盖的信息量就越大。新华社标题中动词多，说明新华社比较注重新闻的信息量。

（四）新华社的新闻报道基本有倾向性，且绝大多数有鲜明的意见和立场

新闻的倾向性是报道者对新闻事实的意见、观点、立场或情感在新闻中的体现。新华社有84.3%的新闻报道有倾向性，且表现为思想倾向性的新闻占比为66.7%，同比美联社都要高，尤其是思想的倾向性超过美联社21%。说明新华社作为中国共产党的宣传舆论机关、党和政府的喉舌，在

马克思主义新闻观的指导下，赞成什么，反对什么，是"鲜明的，尖锐的，毫不吞吞吐吐"。[①]而美联社虽然近70%的新闻报道有倾向性，但是仅有46%的新闻包含思想倾向，说明其在观点的表达上较为保守。同时，从思想倾向性的表现实体来看，新华社更多地表现为意见和立场，其包含意见和立场的新闻报道比例达到98.6%，而美联社只有近38%，说明新华社的观点表达更为鲜明。但是，就思想倾向性仅表现为"价值体系"的占比看，美联社是新华社的9倍，说明美联社新闻报道的思想倾向性表现得更为隐蔽和深入。

同时，在材料的使用上，新华社有59%的新闻包含观点性材料，美联社只有34%的新闻包含观点性材料。而只有事实性材料的新闻，美联社占报道总数的66%，新华社只有33%。说明美联社更多的是展现事实，不表达观点。这与西方新闻界推崇新闻报道的客观性原则有关。在新闻业务实践中，西方新闻界更讲究事实与观点的分离。相对来说，新华社在新闻报道中表达观点的现象比较普遍。这一方面与我国文以载道的文化传统有关；另一方面与我国新闻媒体尤其是党报党刊新闻的宣传功能占主导地位有关。

（五）新华社以正面报道为主，情感基调积极向上

从新闻报道的情感倾向性看，新华社以正面报道为主，美联社以负面报道为主。新华社的新闻报道主要宣传党的政策、传播先进经验和做法、讴歌人间大爱与真情，情感基调明朗积极。而美联社对于违法犯罪、天灾人祸等报道得比较多，揭露抨击社会中存在的罪恶以及不平之事，情感基调阴郁低沉。

（六）中国共产党所尊奉的思想追求主导着新华社新闻报道的思想走向

新华社新闻报道倾向性的思想走向多为马克思主义（49.4%）和党的政

---

① 丁淦林. 中国新闻事业史新编[M]. 成都：四川人民出版社，1998：382.

二是新华社的多行标题较多。新华社两行标题和三行标题的总占比为6.98%，美联社只有两行标题，占比为0.23%，新华社是美联社的30余倍。标题的结构与新闻的信息含量和简洁性相关。一般情况下，单行标题比多行标题简洁，而多行标题一般比单行标题信息含量大。

三是新华社的导语较长。根据统计数据，不论是美联社还是新华社，单段落导语的新闻在两家媒体的新闻报道中都比较多。但是，导语中的句子数量，新华社（2个以上句子的导语占比为38.67%）总体要比美联社（2个以上句子的导语占比为25.81%）多。导语长，信息含量会增大，但新闻的简洁性也会受到影响。

四是新华社只使用概括性材料的新闻比例没有美联社高。在新闻报道材料的运用上，新华社注重既使用概括性材料，又使用细节性材料。只有概括性材料的新闻比例是16%，而美联社只使用概括性材料的新闻比例是39.5%，远远高于新华社。概括性材料语言简洁扼要，由这样的材料构筑的新闻报道简洁性更强。

因此，新华社在新闻篇幅、标题和导语的简洁性上可以向美联社借鉴，通过缩短新闻篇幅、多用单行标题、简化导语等手段，使新闻更加简洁。

（九）美联社新闻报道的表现形式更客观、可读性更强

一是美联社的新闻报道中观点的表达更隐蔽。根据统计数据，新华社有84.15%的新闻报道有倾向性，美联社有69.65%的新闻报道有倾向性，说明两家媒体在大多数新闻报道中有自己的思想、观点或情感倾向。但是新华社的倾向性多表现为意见和立场，而美联社的倾向性多表现为价值观。如图3-30所示，在意识层面，价值观在核心层，立场和意见在外围。

由此可以看出，新华社的观点表达更为显性，美联社的观点表达更为隐蔽，但立场是坚定的。另外，在材料的运用上，新华社事实性材料的占比为40.9%，美联社事实性材料的占比为65.8%，同时，两者在表达方式上，对直接发表意见的"议论"使用都比较少，且占比基本一致。说明美联

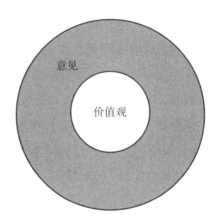

图 3-30　意识结构示意图

社更倾向于展现事实，通过事实"说话"。

二是美联社更多地运用描写和细节性材料。根据统计数据，在细节性材料的运用上，美联社的占比为 0.5%，新华社的占比为 0.3%，美联社高于新华社，说明美联社更注重细节性材料的应用。细节性材料是指描写具体、生动的材料。通常情况下，新闻报道细节性材料多，读起来会生动形象。另外，在表达方式的使用上，美联社相较于新华社更注重描写。描写是用生动形象的语言把事物的状态等描绘出来，使受众如见其人、如闻其声、如入其境，从中受到强烈的艺术感染。美联社既注重运用栩栩如生的细节性材料，又注重感染力较强的描写，因此其新闻也更生动、可读。

二、讨论

在对新华社与美联社的新闻报道进行考察与梳理的过程中，研究者发现：两家媒体的做法各有千秋，值得探讨。

（一）信息量或新闻价值？

在对篇幅、标题、导语、背景材料的使用位置等类目进行考察的过程中，研究者发现新华社的新闻报道突出丰富的信息量，而美联社更注重凸显新闻的价值。为丰富新闻报道的信息量，新华社新闻报道的篇幅较美联社长，多行标题和导语中的句子数也较美联社多，有时甚至在标题和导语中使用背景材料。这些方法和手段的运用的确有利于丰富信息量，但同时也削弱了新闻的简洁性。从统计数据来看，新华社的新闻报道整体上简洁性不如美联社，与这些做法直接相关。在信息异常丰富的时代，在一定的篇幅中最大限度地承载信息量是值得肯定的，但是快节奏的生活已使受众的耐心变成稀缺品，信息冗余是否会考验他们的耐心，值得商讨。另外，丰富的信息量势必会对新闻最有价值的部分造成遮掩，使新闻价值受到损耗。以丰富的信息量换取新闻价值的弱化，是否值得？

反观美联社，其新闻报道往往为单行标题和一句话导语，背景材料基本上被放置在新闻的主体部分。这样做不仅突出了新闻价值，而且使新闻报道更简洁，更具时效性。

在互联网高速发展，网络媒体已打破新闻发布的时空限制的形势下，通过增加新闻的发布量，亦可提高媒体的信息传播量。同时，新媒体的快速发展也使新闻时效性与质量的争夺更加激烈，新华社作为国家通讯社在引导舆论上担负着重大责任，进一步提高新闻的简洁性，有利于提高新闻的时效性与质量，抢占舆论制高点。因此，适时转变新闻观念对提高新华社的新闻竞争力有所裨益。

(二)及时性或真实性？

及时性与真实性是两个不同的指标与概念，及时性考量的是速度，真实性考量的是客观实在性。客观上讲，两者没有矛盾和对立。但是在新闻实践中，却会出现顾此失彼的状况。譬如对隔日新闻的处理，新华社多采用"近日"之类的词汇来模糊早已发生的事实，拉近新闻与现时的距离。而美联社很少使用这样的词汇，在使旧新闻具有新鲜感上，其会使用轶事式导语或叙事式导语，[①] 转移受众对事件发生时间的关注，把注意力集中在

---

① ［美］杰克·卡彭. 美联社新闻写作指南［M］. 刘其中，译. 北京：新华出版社，1988：93.

有趣的事情上。所以，美联社有不少新闻是时间不详。"近日"之类的表述，虽然标出了事件发生的时间，但是这种模糊时间的手法非常突兀，读者一眼就能看出新闻不及时。然而，美联社对隔日新闻不标识出时间，又会让人对新闻的真实性产生疑问。怎么做会更好，值得思考。

(三)观点鲜明或委婉含蓄？

根据统计数据，新华社与美联社绝大多数新闻都有倾向性。但是，两者的表现方式不同。新华社的倾向性多表现为意见和立场，而美联社多表现为价值观。意见和立场处于思想意识的浅层，很容易辨识。价值观处于思想意识的深层，难以觉察。因此，新华社的新闻报道给人观点鲜明的观感，而美联社的新闻报道则给人造成很客观的印象。另外，在材料的使用上，新华社的观点性材料比美联社多，而美联社的事实性材料比新华社多，说明新华社的新闻报道在观点的呈现上比美联社多，而美联社更注意呈现事实。观点鲜明的新闻报道权威性高，但是客观性受到损害。观点表达委婉含蓄的新闻客观性强，但是权威性又会打折扣。如何取舍？值得思考。

根据新闻传递信息的本质，观点表达委婉含蓄的新闻更符合客观性的要求。但是，由于两家媒体的性质、功能不同，具体情况还需具体分析。

第四章　新华体的话语生产者分析

第一节　新闻话语的生产者与批评话语分析理论

新闻话语与话语生产者有密切的关系。首先，新闻话语生产者决定新闻话语的有无。新闻话语离不开话语生产者。没有新闻话语生产者，则没有新闻话语。新闻话语从无到有，生产者在起关键性作用。新闻话语的生产既离不开个人，又离不开编辑部，后者控制前者，总体看属于集体行为。其次，新闻话语生产者影响新闻话语的风格。新闻话语生产者的意识形态、价值观、身份地位等都会作用于新闻话语上，并通过新闻话语加以表现。因此，新闻话语又对新闻话语生产者的意识形态、身份地位等有所反映与建构。

新闻话语生产者与批评话语分析理论有紧密的联系。批评话语分析理论主要指20世纪70年代末在西方语言学界兴起的一种语言流派，以韩礼德的系统功能语言学为主要理论渊源，不仅研究语言本身，而且通过语境研究语言及其背后的社会力量。该理论讲求从功能语言学视角揭示出话语中所隐含的意识形态，不认同话语的纯客观性。而新闻话语中的意识形态特征是新闻话语生产者意识形态、身份地位等在新闻话语中的再现。因此，新闻话语生产者是批评话语分析关注的一个焦点。批评话语分析学派的代表人物之一、英国学者费尔克拉夫有关话语和话语分析的三个向度之一的话语实践向度就是对这一问题的揭示。话语实践向度关注文本的生产与解释过程，[①] 费尔克拉夫认为，此向度有助于深化关于文本的特性和话

---

① ［美］诺曼·费尔克拉夫. 话语与社会变迁[M]. 殷晓蓉，译. 北京：华夏出版社，2003：66.

语兴废的讨论。而话语实践是社会实践的一个有机组成部分。"话语实践中文本的生产、分配和消费过程都是社会性的，都需要关联到话语从中得以产生的特殊的经济、政治和制度背景"。① 在某种程度上，文本的生产和消费是建立在内化的社会结构和社会习俗的基础上的。② 因此，本章将承继上一章，从社会实践向度上进一步探究新华体的话语问题。

新华体的采编工作与新闻话语及其生产者密切相关。费尔克拉夫指出，话语实践关涉文本的生产、分配和消费的过程。③ 在这一过程中，文本的生产是基本的，起决定性作用的。生产决定着分配和消费。④ 而文本的生产是在生产者的主导下进行的，生产者是生产环节中的决定性力量。⑤ 同时，法国博物学家、文学家布封认为"风格即人"。两位学者的论断均说明话语与话语主体的直接关系，说明新华体与新华社的新闻报道主体密切关联。显然，新闻话语的风格与其生产者密切相关，是其精神个性的体现。因此，分析新华体，在话语实践向度，本书择取生产者进行探讨是很有必要的。

新闻话语的生产主体具有自己的特殊性。新闻话语的生产既离不开个人，又离不开编辑部，总体看属于集体行为。荷兰语言学家梵·迪克认为，新闻话语是"非个人作品，是私营或者公立的制度化组织制作、表述的产品。不仅通常的'你'缺席了，而且真实的'我'也不在场。所以，新闻报道不是个人的体验或经历，通常也不表达个人的信念和观点"。⑥ 新闻记者在进行新闻报道时必须服从所在媒体的调度，"新闻报道即便是署名文

① ［美］诺曼·费尔克拉夫. 话语与社会变迁［M］. 殷晓蓉，译. 北京：华夏出版社，2003：66.

② ［美］诺曼·费尔克拉夫. 话语与社会变迁［M］. 殷晓蓉，译. 北京：华夏出版社，2003：66.

③ ［美］诺曼·费尔克拉夫. 话语与社会变迁［M］. 殷晓蓉，译. 北京：华夏出版社，2003：72.

④ 李诚能，丑泽联. 政治经济学概论［M］. 武汉：华中工学院出版社，1985：6.

⑤ 李诚能，丑泽联. 政治经济学概论［M］. 武汉：华中工学院出版社，1985：2.

⑥ ［荷］托伊恩·A. 梵·迪克，作为话语的新闻［M］. 曾庆香，译. 北京：华夏出版社，2003：77.

章，这些名字也不是用以表明其作者的个人经历，而是显示其作为组织的声音的基本识别特征"。① 显然，新华社新闻报道的采编，既离不开记者个人，又不是记者个人所能决定的。新华体的生产者实质上是新华社，其新闻报道体现的是新华社这一组织机构的特征。

为了集中讨论新华体的报道主体，本章拟着重考察新华社的组织机构环节。新华社的组织机构特征，本书主要从两个维度考察：一是机构属性；二是新闻观。其中，机构属性是基础，新闻观是建立在机构属性之上的关于新闻业、新闻工作与新闻活动的思想意识，机构属性是新闻观的物质基础，新闻观主要体现机构属性的新闻规定性与职业规范性。

第二节　新华社的机构属性与新华体

新华通讯社大厦

① ［荷］托伊恩・A. 梵・迪克. 作为话语的新闻［M］. 曾庆香，译. 北京：华夏出版社，2003：77.

一、新华社的机构属性

(一)我国新闻事业单位的机构属性

我国新闻事业单位具有特殊的机构属性。首先,新闻单位具有事业单位的一般属性。我国新闻机构一般为事业单位。所谓事业单位,是指由政府主办和管理,按照国家计划开展活动,不以营利为目的;业务活动与国家经济主体脱离,主要为社会提供非生产性服务,一般不直接从事物质资料生产;经济主要依靠财政拨款,一般由国家财政给以全部或部分补助;机构设置由政府机关批准,人员列入国家事业编制。[①] 1949 年以来,我国事业单位在一般的规定性框架下又有所发展。第一,事业单位具有一般的规定性。通常情况下,我国事业单位由政府主办并管理。在业务活动上,根据国家计划进行,不以营利为目的。主要从事为社会提供非生产性服务,一般不直接从事物质资料的生产。在经济来源上,主要依靠财政拨款,一般由国家财政给以全部或部分补助。在机构管理上,机构设置由政府机关批准,人员列入国家事业编制。[②] 第二,我国事业单位在一般的规定性基础上又有所发展。党的十一届三中全会之后,伴随着改革开放,我国的事业单位有所变化,在恪守为社会提供公共服务职能的前提下,适当增加事业单位活动的灵活性。比如进行一定的经营活动,并且以建构事业法人为改革的发展方向。其次,新闻单位又具有一定的特殊性。中华人民共和国成立之后至 1978 年党的十一届三中全会召开之前,我国的新闻单位和其他事业单位之间并没有明显的不同。但在党的十一届三中全会后,尤其是 20 世纪 90 年代后,伴随着社会主义市场经济的快速发展,我国的新闻单位开始事业单位的企业化经营,并有所丰富。所谓事业单位的企业化经营,指事业单位的性质不变,但在确保为社会提供公益性服务的前提

---

① 左然. 中国现代事业制度建构纲要[M]. 北京:商务印书馆,2009:17.
② 左然. 中国现代事业制度建构纲要[M]. 北京:商务印书馆,2009:17.

下，可以从事一定的经营活动，如开展广告经营业务、开发第三产业，并由此形成一定的新闻传媒生存发展模式。比如在以党委机关报为核心的报业集团中形成了媒体的如下生存发展模式：既有党委机关报，即所谓"大报"，又有以都市报、晚报、晨报为代表的"小报"。党委机关报重点是依据党委的意志从事新闻宣传工作；而所谓的小报，直面市场、直面读者、直面经营压力，为社会提供信息服务，有不少通过市场获得较为丰厚的经济回报，形成报业集团以"小报"的经营收入支持大报的新闻宣传工作的生存发展模式，即业界所通称的"小报"养"大报"。

(二)新华社的机构属性

新华社是我国的国家通讯社，国务院直属事业单位，被公认为中国最大的新闻信息采集和发布中心。[①] 首先，新华社在机构属性上是国务院直属事业单位。在所有制上，新华社为全民所有制。全民所有制单位，通常是由国家代表全体人民掌握所有权，因此也称为国有单位。在经济来源上，新华社主要依靠国家财政拨款。国家通过税收、物价等经济杠杆，为新华社的经济来源予以法规、制度安排。然后，新华社再通过内部的安排与管理，把这些资金投入采编部门进行新闻业务活动。在机构管理上，新华社的机构设置由国务院批准，人员列入国家事业编制。[②] 在业务活动上，事业单位不直接从事物质资料的生产，新华社主要为国家生产以新闻资讯为中心的精神产品或提供文化服务。其次，在管理体制上，新华社归中共中央宣传部管理，重大问题接受中共中央书记处直接指挥。新华社实行党委领导下的社长负责制。其中，社长对全社的整体业务负责，重点是把控新闻报道的导向和经营管理的方向；总编辑对新华社的采编业务负责。总经理负责新华社的经营管理。在组织人事关系上，新华社社长、副社长、总编辑、副总编辑等社级主要领导由中共中央组织部任免。再次，在机构

① 李永健，展江. 新闻与大众传媒通论[M]. 北京：中国人民大学出版社，2003：166.

② 左然. 中国现代事业制度建构纲要[M]. 北京：商务印书馆，2009：17.

功能上，新华社是执政党、政府和人民的耳目喉舌，全国消息总汇之地。新华社的机构特点根植于新华社的机构性质基础之上，规定了新华社的功能定位。新华社具有两个重要功能：第一，党、政府和人民的喉舌。这是对新华社的根本性规定，决定了信息生产、传播的社会方向。第二，全国消息总汇。这是新华社的基本功能，充分体现了新华社的媒体要害。脱离了消息总汇这一功能，新华社的喉舌功能就不能充分践行，也弱化甚至取消了新华社在国际与中国国内新闻资讯生产、传播格局的重要地位，特殊的社会背景与国内独一无二的新闻职能。

二、新华社的机构属性对新华体的作用

（一）编辑部在新华社中的地位和作用

新华社新闻信息生产和传播的核心在编辑部。首先，编辑部是新华社信息生产的中枢部门。编辑部是新华社新闻信息生产的业务管理机关，是由编委会组成的信息生产的决策机构，最高业务领导是总编辑。新华社的编辑工作方针是：遵循真实、全面、客观、公正的准则，形成自己的特色；坚持无产阶级新闻的党性原则；坚持对党负责和对人民负责的一致性；把党的实事求是的思想路线贯穿在宣传报道中，提倡严肃的工作态度，严谨的工作作风，严密的工作制度和严格的组织纪律。[①] 新华社编辑部依据编辑工作方针全面负责通讯社的编辑活动。第一，编辑部负责新闻信息生产的整个流程。从新闻报道的选题、采写、审读、修改、定稿到读者的反馈，均由编辑部负责。尤其是在新华社新闻稿件的信息性质、结构、选用权力方面均由编辑部确定。第二，编辑部负责管理编辑部各个部门内部的关系、工作协调，比如总编室和编委会的关系，各个业务部门之间的关系。新华社新闻信息采编业务部门与编委会的关系、地方部门和编委会的关系等全部由编委会负责。新华社的采编工作与新华社的行政工作

---

① 童兵. 中西新闻比较论纲[M]. 北京：新华出版社，1999：74.

之间的互动，也由编辑部负责。第三，在新闻工作当中，人员的调配、设备的调配均由编委会负责。在新闻报道和新闻评论的比例安排上也是由编委会负责。

其次，编辑部是新华社信息生产的指挥中心。第一，党和国家的新闻工作的指令要求通知等由编辑部接收、消化并在社内部署。第二，国内外的社会变化、舆情波动也要汇集到编辑部，并由编辑部根据这些情况安排决策新闻工作，并向党中央、国务院和中央有关管理机关报告，涉及地方的信息，依据相关规定办理。

（二）新华社的机构属性对新华体的作用

作为新华社新闻报道的集中体现，新华体是对新华社机构属性的反映与建构。

1. 新华体要承受新华社的机构属性的作用

荷兰学者梵·迪克说，新闻话语不是个人作品，是私营或者公立的制度化组织制作、表述的产品。新闻报道通常不表达个人的信念和观点，而是显示其作为组织的声音的基本识别特征。[①] 梵·迪克的观点揭示了新闻信息生产的特殊性，作为新华社新闻报道的集中体现，新华体显示了新华社这个机构的基本特征。新华社的机构特征是由新华社的机构属性决定的。新华社是国家通讯社，国务院直属事业单位，党、政府和人民的喉舌以及全国消息总汇，这些机构性质和机构特点作为一种隐性的力量，规制着新华社的新闻话语生产，从新闻报道的内容到新闻报道的形式，无一例外。因此，新华体的走向最终受制于新华社的机构属性。第一，新华体的内容受新华社机构属性的作用。新华社新闻报道的选题、新闻立场受制于新华社的机构属性。新华社是国家通讯社，其用户主要是国内外，尤其是国内的新闻媒体。这些作为客户的新闻媒体最终要把其获取的新华社的新

---

① ［荷］托伊恩·A. 梵·迪克. 作为话语的新闻［M］. 曾庆香，译. 北京：华夏出版社，2003：77.

闻信息发布给全国乃至于世界各地的受众。因此,新华社最终的主要服务对象仍是全国乃至于全世界各地的受众。这就要求新华社在新闻报道的选题上满足全国受众乃至海外受众的需求。同时,作为国家通讯社,新华社要为全国的工作大局服务,高屋建瓴,努力在选题上落实全国工作大局的需要。作为党、政府和人民的喉舌,新华体所内蕴的倾向性既要表现党和政府的立场,又要表现人民的立场,其新闻思想既要体现执政党的意志,又要体现人民的意志,力争党性和人民性的统一。但是从新华体目前面临的压力来看,在党性和人民性的统一上还存在一定差距。新华社原社长田聪明 2014 年 11 月 7 日在中国记协八届四次常务理事会上的讲话中指出,新华社的新闻工作者在"吃透两头"("两头"分别指"上头"和"下头",其中,"上头"为中央精神,"下头"为基层实践和人民群众的愿望)上"还存在很大差距"。① 新闻工作者必须不断加强学习,提高修养,克服浮躁心理,精心打造让党和人民群众都满意的新闻作品。新华体在践行管理层和广大人民群众的利益共同点上离不开艰难探索。第二,新华体的形式受新华社机构属性的作用。内容决定形式。新华体的形式受内容的牵制。新华体的内容受新华社机构属性的作用,因此,新华体的形式也受新华社机构属性的作用。作为内容与形式的有机统一,新华体必须承受新华社机构属性的作用。新华体的行为主体是新华社,具体的新闻业务工作由编辑部来落实。从新闻报道的策划、采写、审阅、修改到定稿、发布等,新华社新闻报道的每一个环节,都离不开编辑部的指挥。新华社的机构属性通过编辑部在每个环节发生作用。作为新闻报道集中体现的新华体,是新华社机构属性作用下的产物。

2. 新华社的机构属性对新华体的作用是间接的

新华社的机构属性是规制新华社新闻业务活动的关键。新华社的新闻工作做什么、怎么做,离不开新华社机构属性的规定性。但这些规定性并

---

① 田聪明. 一名老新闻工作者对新时期"讲好中国故事"的一点感想[J]. 中国记者,2015(1):14.

不能直接落实到新华体上，而是通过新华社党委、社委会，作用于新华社编委会，再影响到新华社的新闻工作，并通过新闻工作最终凝聚为一定的新闻报道，推动新华社新闻报道走向同一方向，达到一定的精神追求与相应的表达规范相统一，并最终呈现为一定的气派，显现新华体的独特性。

3. 新华社的机构属性决定了新华体的风貌

新华社的机构属性对新华社新闻报道的规定性，最终是落在其新闻报道的新华体上，并通过新华体的内容与形式体现出来。

第一，新华社的机构属性决定了其新闻报道的选题要重大。

所谓重大，是指大而重要。[①] 选题重大是指新华社的新闻报道选题涉及公共利益、国计民生、社会发展，甚至人类命运，是中国共产党当前政治、经济、文化等工作的中心与重心，为党和政府所重视，事关广大人民切身利益与根本利益。所谓党和政府重视，指新闻报道的选题属于党和政府关注的领域，与党和政府的治国安邦工作息息相关，是党和政府在着手解决或即将着手解决的事情。人民群众关心，指新闻报道的选题与广大人民群众的切身利益密切相关。作为国家通讯社，新华社的基本功能定位是采集传播新闻信息，并将信息服务与党、政府和人民的喉舌功能相统一。党和政府的喉舌，意味着新华社要说党和政府想说的话，即表达党和政府的立场。人民的喉舌，意味着新华社也要表达人民的意见、愿望和呼声。这即是"上情下达"和"下情上达"。"上情"包括党的路线方针政策，党中央的重大部署、重大活动，党和政府的中心工作等，这些都为党和政府所重视。"下情"指广大人民群众的意见、建议、情绪、愿望等，这些多与他们的利益密切关联，为他们所关心。新华社在新闻报道的选题上多聚焦两者，尤为追求在两者的结合点上下工夫。以1992年新华社记者采写的《关于股市的通信》一文为例。这篇文章的写作背景是1992年邓小平南方谈话时，提到股票问题，表示"要坚决地试"。但是当时在中国要不要搞股票，

---

① 中国社会科学院语言研究所词典编辑室. 现代汉语词典［M］. 北京：商务印书馆，2012：1691.

有不同的声音。受邓小平讲话的影响，深圳股票市场出现供不应求的现象。当年 8 月，为了使投资者公平买到股票，深圳市采取抽签的方式。但是有一些人营私舞弊，暗中套购认购表，被群众发现。人们怨声载道，怒不可遏，甚至与警察发生冲突。这次风波又一次引起大家对股市的议论。对这个话题，党和政府非常重视，人民群众也很关心。新华社责无旁贷承担起报道这一敏感话题的任务，力求既准确传达中央的精神，又给中国股市和股民以指导。时任新华社社长郭超人多次对稿件提出具体的修改意见。国务院主管股票问题的朱镕基对稿件进行审阅并提出自己的修改意见。稿件修改发表后，引起了很大反响，这些稿件不仅正确贯彻了中央的意见精神，也积极回应了股民的关切，彰显了新华社作为党、政府和人民喉舌的国家通讯社风范。类似这样的稿件还有很多，诸如《关于物价的通信》(1988 年 1 月 12 日电稿)、《药价追踪》(2000 年 6 月 11 日电稿)等。这些稿件均关系到党的中心工作，且与人民的利益密切相关，体现了新华社作为国家通讯社，党、政府和人民的喉舌的机构属性的规定性，建构了新华社国家通讯社的机构身份。梵·迪克说，新闻的风格受新闻话语的主题控制。[①] 新华社围绕党的中心工作设置议题，铸造了其新闻报道内容的高屋建瓴和宏阔视野，建构了新华体的核心特征。

　　第二，新闻报道必须既要体现执政党的立场，也要努力体现人民的立场，力争两者的统一。

　　新华社是党、政府和人民的喉舌，既要代表执政党发言，也要反映人民的心声。一是要代表执政党发言。这是新华社必须恪守的政治立场。新华社是党的喉舌，在政治上要自觉坚持党的政治路线，思想上传播马克思主义，在新闻报道中要宣传党的路线方针政策，服务于党中央的中心工作。1980 年 2 月，党的十一届五中全会通过的《关于党内政治生活的若干准则》规定："党的报刊必须无条件地宣传党的路线、方针、政策和政治观

---

　　① ［荷］托伊恩·A. 梵·迪克，作为话语的新闻［M］. 曾庆香，译. 北京：华夏出版社，2003：78.

点……绝对不允许在报刊、广播的公开宣传中发表同中央的决定相反的言论……这是党的纪律。"①新华社的属性规定，新华社必须坚定党性原则，政治上与党中央保持一致。新华社的《批评，但不是棍子》（新华社北京1981年5月23日电稿）、《中国农民有了新的时间观念》（新华社石家庄1983年1月31日电稿）、《中国恢复对香港行使主权》（新华社香港1997年7月1日电稿）、《药价追踪》（新华社太原2000年6月25日电稿）、《世界选择了北京》（新华社2001年7月13日电稿）、《珠海：敢闯敢试奋勇前行，特区精神再放光芒》（新华社广州2018年12月4日电稿）等新闻报道，无一不是立足于中国共产党的立场传播新闻信息。《县委书记的榜样——焦裕禄》（新华社郑州1966年2月7日电稿），当时报道的社会背景是经过三年自然灾害与中苏两国的紧张关系，执政党需要以积极进取的艰苦奋斗指导思想激励全党全军和全国各族人民团结奋战，克服困难，以饱满的热情建设社会主义中国。焦裕禄就是在这样的背景下，被新华社挖掘出来的一个典型人物，他身上所体现出来的奉献、担当、积极向上的精神力量与执政党的追求不谋而合。这篇报道体现了党的意志，调动了人民群众的干劲和热情，切合了时代的脉搏。二是要代表人民发言。新华社除了是党和政府的喉舌，同时也是人民的喉舌。中国共产党领导人刘少奇曾指出，新闻媒体要真实、全面、深刻地把群众的情绪和呼声反映出来，说出人民不敢说的、不能说的，想说又说不出来的话。② 只有如此，新华社的工作才是称职的。

国家新闻通讯社的性质与执政党的领导，要求新华社必须做执政党的"喉舌"，努力做好人民群众的"喉舌"，并由此作用于新华体。这是一个不以人的意志为转移的客观存在。

反观美联社则不然，美联社的机构性质是由全体会员所有并出资运营

---

① 关于党内政治生活的若干意见[EB/OL]. https://baike.so.com/doc/5512082-5747844.html.

② 《新华通讯社史》编写组. 新华通讯社史（第一卷）[M]. 北京：新华出版社，2010：484.

的非营利性新闻合作企业，其会员支持不同党派，这促使美联社在进行新闻话语生产时，努力保持客观、超越的立场，即遵循新闻报道的客观性原则，着重于报道新闻事实而不是意见。美联社第一任社长斯通说："一个全国性的新闻合作组织是这样一种机构，它属于而且只属于各个报纸，他不出卖新闻，不谋私利，不付股息，仅仅是各个报纸的代理人和公仆。参加者应该包括一切正常党派、宗教界、经济界和社会各界的新闻工作者，但他们同样对新闻工作热情积极，所采集的消息应该严谨、准确、公正和完整。这就是我们梦寐以求的美好愿望。"①美联社的新闻报道有自己的立场，但不介入具体的党争。美联社的客户的公约数决定了美联社新闻报道业务的立场。

第三，语言要准确、简洁。

新华社的机构属性决定了其新闻报道的语言要准确、简洁。费尔克拉夫说，话语建构社会身份。②说话者的身份和地位限制了其对话语内容和方式的选择。新华社是国家通讯社，该机构属性决定了其新闻报道的语言要准确、简洁，与国家通讯社的身份相匹配。对此，中央有具体的要求。1947年8月3日，时任中共中央宣传部部长的陆定一给新华社社长廖承志和社委会发指示信，代表党中央对新华社工作提出严格要求。陆定一在信中说，作文章，写消息，总要能解决一个问题，或解释清楚一个问题，不是以成语堆砌起来，作空洞无物的所谓宣传。要向人民大众的语汇学习，尽量使我们写出来的东西意思确切，这是我们所需要的实事求是的作风。③1981年11月11日，在庆祝新华社建社50周年的茶话会上，时任中央书记处书记的习仲勋对改进新华社的宣传报道工作提出了五点希望：一是真。新闻必须真实。二是"短"。新闻、通讯、文章都要短。三是"快"。新

---

①　张世海. 美联社新闻研究[D]. 开封：河南大学，2006：5.

②　[美]诺曼·费尔克拉夫. 话语与社会变迁[M]. 殷晓蓉，译. 北京：华夏出版社，2003：60.

③　新华通讯社史编写组. 新华通讯社史（第一卷）[M]. 北京：新华出版社，2010：337.

闻的时效性很强，不快就成了旧闻。四是"活"。要生动活泼，不要老一套、老框框、老面孔。五是"强"。要做到思想性强、政策性强、针对性强。① 这样的要求决定了新华体的用语要远离欧式句式、半文半白的文字，而要讲求实实在在，用语干脆利落，语言的准确、简洁也就成为新华体的必然要求。官话和套话缺乏针对性和实效性，远离新闻报道的简洁性要求，干扰新闻报道的质量优化，不利于媒体争取受众，为受众服务，更好地发挥舆论引导与监督作用。新华体要进一步提高语言的针对性和精确性，提高自身的吸引力，这不仅是新华社机构属性的必然要求，也是在当前舆论形势更加复杂和严峻的情况下，党对新华社的迫切要求。新华社的新闻报道折射出中国共产党人的文风追求。

第四，新闻体裁以消息为主。

新华社的另一个功能定位是承担中国的消息总汇，并由此影响新华社的体裁重心。这是新华社的基本特点，充分体现了新华社的核心功能。1951年，时任中共中央宣传部副部长的胡乔木代表党中央向新华社提出要求：新华社应该成为消息总汇之地。② 执政党的最高权力机关从国内外大局考虑，赋予了新华社功能。这一功能最初限于国内。1953年，在社编委扩大会议上，时任新华社社长的吴冷西指出："消息总汇应该充分地、及时地、精确地报道对人民群众有教育意义和对实际工作有指导意义的新情况、新事物、新人物、新经验。"③新华社是通讯社，主要客户是报刊等新闻媒体，不以言论见长。相较于《人民日报》，新华社的新闻报道范围广、数量大、报道及时，这些就决定了新华社对消息报道的使用更多，更频繁。自20世纪80年代开始，新华社的消息总汇功能由国内扩展到国内外，既要做国内的消息总汇，又要力争做国际新闻通讯社，彰显出社会主义泱泱大国的气派，对消息的使用也就更为普遍。消息总汇的功能定位要求新华社的新闻报道要范围广、资讯多，报道快，及时反映党中央的工作部

① 新华社大事记编写组. 新华社大事记(1977—2001.11修改稿)。

② 新华社新闻研究所. 吴冷西论新闻[M]. 北京：新华出版社，2005：44.

③ 新华社新闻研究所. 吴冷西论新闻[M]. 北京：新华出版社，2005：44.

署。消息总汇的功能定位决定了新华社的新闻报道要以消息为主，以通讯、特写、专访为辅。据本书第三章统计，2016年新华社全年的新闻报道中，消息体裁占了近90%，这也从一个侧面证明了这一点。而新闻话语以消息为主也建构了新华社消息总汇的机构特征。

第三节　新华社的新闻观与新华体

新华社的新闻观对新华社的新闻工作具有决定性作用。新华社的新闻观是新华社关于新闻报道和新闻事业的系统化主张，属于上层建筑，是中国共产党的新闻观在新华社的新闻工作中的具体化，制约着新华体的性质和方向。新华社编辑记者的新闻业务实践活动必须接受新华社新闻观的指导。新华社的新闻观是控制新华社新闻话语生产的隐在而直接的精神力量。它们通过编辑记者作用于新华社的新闻策划、采写、审稿、修改、发布等各个编辑工作环节，并最终通过新华体得以呈现。从这个意义上看，新华体是对新华社新闻观的再现与建构。

新华社的新闻观对新华体的作用，这里主要从两个方面探讨：一是新华社的新闻报道观对新华体的作用；二是新华社的新闻事业观对新华体的作用。

一、新华社的新闻报道观对新华体的作用

（一）新华社的新闻报道观

新华社的新闻报道既要遵循新闻报道的一般新闻观，又要遵循新华社因自身的性质和地位所决定的新闻报道的特殊新闻观。首先，新华社的新闻报道要遵循新闻报道的一般新闻观，一是真实；二是新鲜。其次，新华社的新闻报道要遵循新华社因自身的性质和地位所决定的新闻报道的特殊新闻观，一是新闻报道要有全国观念；二是新闻报道要为国家大局服务；三是立足于执政党和国家根本利益进行国际新闻工作。因此，编辑记者必

须站在党和国家的立场上，设置议题，把握报道时机，选取报道方式。

1. 真实

这里的真实，指的是新闻真实。新闻真实是新闻的生命和底线。对于所有的新闻媒体和新闻机构来说，真实是进行新闻报道时共同遵守的底线，中外皆然。这是由新闻的属性决定的。胡乔木认为，新闻是一种新的、重要的事实。① 范长江认为："新闻，就是广大群众欲知、应知而未知的重要事实。"②陆定一说："新闻是新近发生的事实的报道。"③毫无疑义，新闻事实是新闻的本源。事实是第一性的，新闻是第二性的，事实在先，新闻(报道)在后。没有新闻事实，就不会有真正的新闻；背离了新闻事实，则难免无中生有，移花接木。新闻的本源是事实亦为西方新闻界所公认。曾任职美国密苏里大学新闻学院院长一职的莫特说："新闻是新近报道的事情。"④新闻的本源是新闻事实。新闻真实是中外新闻媒体新闻报道的基本原则，新华社也不能例外。作为国家新闻通讯社，其特殊的机构地位更规制了其对新闻真实性的恪守，对新闻真实性的要求更严，自律更强。早在1954年2月《新华社党组关于第三次全国社务会议的报告》就指出："教育全社人员……了解新闻必须真实这一基本工作原则，造成对错误同仇敌忾的舆论。"⑤刘少奇1956年6月19日在《对新华社工作第二次指示》中说："我们的报道要真实……我们要采取老实态度，实事求是。"⑥中国共产党领导人的新闻思想对新华社的新闻话语生产有着深远的影响。新华社为了确保新闻报道的真实性，采取了系统应对。据刘新宇《纯干货！

---

① 胡乔木. 人人要学会写新闻[M]//中国共产党新闻工作文件汇编(下卷)，北京：新华出版社，1980：224.

② 范长江. 通讯与论文[M]. 北京：新华出版社，1981：317.

③ 陆定一. 我们对于新闻学的基本观点[M]//中国共产党新闻工作文件汇编(下卷)，北京：新华出版社，1980：187.

④ 钱震. 新闻论(上册)[M]. 台北：台湾中华报社，1978：34.

⑤ 中国社会科学院新闻研究所. 中国共产党新闻工作文件汇编(上卷)[M]. 北京：新华出版社，1980：368.

⑥ 中国社会科学院新闻研究所. 中国共产党新闻工作文件汇编(上卷)[M]. 北京：新华出版社，1980：398.

析新华社通稿新闻改稿实例 168 篇》介绍，新华社保证新闻真实的举措之一为"通稿新闻改稿"，对新华社各部门采、写、编、校后已经签发的通稿稿件另设通稿改稿环节，仅 2017 年 9 月 1 日至 2018 年 2 月 28 日，通稿环节共发现 168 篇稿件存在问题，发现、纠正错误 190 处。①

2. 新鲜

所谓新鲜，指的是新闻报道的新闻事实不仅真实，而且新近发生，且从未被公开报道。其具体内容有二：一是新闻事实早已发生，但鉴于某些原因未被众人所知。比如湖北曾侯编钟被埋入墓中，后被社会发现，新闻报道的时间为"最近"。二是刚刚发生的，比如一些新情况、新动态、新事物、新问题等，被新闻报道主体及时报道。新闻必须报道最新鲜的事实，是中外新闻界公认的、普遍遵守的新闻报道观。美联社如此，新华社亦如此。新闻的及时性是考验新闻新鲜性的一个重要指标。新华社对新闻报道的及时性一直很重视，把它置放在政治的高度。1946 年 1 月 1 日，新华总社给各地总分社发出《把我们的新闻事业更提高一步》指示信，明确指出，新闻写作要确实、迅速，这影响政治信用和宣传效果甚大。新闻时间之差，影响政治上的主动和被动。要力争时日，培养时间观念。② 1981 年 11 月 11 日，在新华社建社 50 周年茶话会上，时任中央书记处书记的习仲勋对改进新华社的宣传报道提出了五点希望，其中一点就是"快"。他说新闻的时效性很强，不快就成了旧闻。③ 新闻要新鲜是新华社最基本的新闻报道观。

3. 要有"全国观点"

新华社新闻报道要讲求"全国观点"，是由新华社自身的机构性质和地

① 刘新宇，纯干货！析新华社通稿新闻改稿实例 168 篇［EB/OL］. https：//mp. weixin. qq. com/s？ __biz = MjM5NTY1MzU0MQ = = &mid = 2650341139&idx = 1&sn = 86de07cf1b75c4ff785e91ec9467c083&chksm = bef96dd9898ee4cfd5a51dd09c87cacf198c3bbe45872180d46dba8e852745836b90cbb7c591&mpshare = 1&scene = 1&srcid = 0525ja4SC000tTeLlLgvWsdR&pass_ticket = psjGf%2B248fRSgKxOUZd7bk%2FHQKVyOTuEAZiPc0AsCp0VDePQ%2BEljB7u5aeBzMq03#rd.

② 新华社新闻研究部. 新华社文件资料选编(1931—1949)(第一辑).

③ 新华社大事记编写组. 新华社大事记(1977—2001. 11)(修改稿).

位决定的，是新华社需要遵循的特殊的新闻观。新华社是国家通讯社，该身份决定了新华社的特殊新闻工作任务：第一，作为国家的消息总汇之地，新华社要及时、全面地报道全国范围内的新闻事实，尤其是重大新闻事实，并在传播新闻信息的时候，在尊重新闻规律的基础上宣传党和国家的路线方针政策，指导全国的工作等。第二，新华社的用户涵盖全国范围，甚至全世界范围。如果报道的事件是纯粹地方性的、局域性的，与全国的受众关系不大，就难以吸引其关注。作为新华社特殊的新闻报道观，"全国观点"指导新华社新闻工作者的新闻报道实践，隐在控制着新华社的新闻话语生产，并通过新华体呈现出来。

4. 新闻报道要为国家大局服务

这是新华社基于自身性质的特殊的报道观，由新华社国家通讯社性质与喉舌功能定位所决定的。首先，是由新华社的机构性质决定的。新华社是国家通讯社，服务于国家大局，势必在国家立场高度上进行新闻报道。1950 年，时任新华社社长的吴冷西在新华社第一次全国社务会议上说，我们的记者编辑必须认识到新华社是代表整个国家向全中国、全世界发表消息。我们要洞察国家的大势，了解全国人民的需要。只有这样新闻报道才能符合国家通讯社的身份。① 而洞察国家大势，就必须熟悉中央的方针政策，了解全国的实际情况，了解全国人民的利益与需求。为此，新华社记者应面向全国采访，面向世界采访。采访是一种调查研究。唯有深入调查研究，重视新闻现场采访，才有益于新华社记者完成本职工作。新华社总社要求各地分社制定学习政策制度，定期研究全国情况，研讨当前形势，② 以保证新闻报道满足国家需要。其次，是由新华社的功能定位决定的。中国共产党对新华社的功能定位是党、政府和人民的耳目喉舌，新闻话语主体的规定性决定了新华社的新闻报道要立足全国，放眼世界，为国家建

---

① 新华社国内新闻编辑部. 我们的经验(1931—2001)(第一卷)[M]. 北京：新华出版社，2001：66.

② 新华社国内新闻编辑部. 我们的经验(1931—2001)(第一卷)[M]. 北京：新华出版社，2001：66.

设、人民幸福、世界和平的大局服务。1995 年 1 月 16 日，新华社时任社长郭超人在新华社国内工作会议讲话中说，新华社作为党和国家的耳目喉舌，对党、对整个国家，工作十分重要，地位十分重要。新华社工作的好坏，关系到党和国家的形象。① 新华社要时刻不忘在全党全国工作大局中的地位和作用，② 想中央所想，急中央所急，随时随地从全党大局出发思考问题、反映问题。③ 忽视为国家大局服务，新华社也就失去了现实存在的必要性。因此，为国家大局服务是新华社特殊的新闻报道观。当然，新华社为国家大局服务要立足长远，立足根本，不能拘于一时一地。选择报道主题、报道重点、报道时机和报道方式要有利于国家的长远发展与人民的根本利益。

（二）新华社的新闻报道观对新华体的作用

1. 新闻真实是新华体壮美风格的重要基础

首先，新华社对新闻的真实性有严格的要求。作为一般性的新闻报道观，新闻的真实性基于新闻的本源，即新闻的真实性来源于新闻事实。而新闻事实是客观存的，新闻报道只有建立在事实基础上才具有真实性的前提。没有了新闻真实性，新闻就失去了存在的依据，新闻就变成了谣言。传播不真实的信息不仅会损害传播者威信，也为受众提供了完全不合格的信息服务，有害于受众，有害于社会。因此，新华社对新闻的真实性有着严格的要求。第一，通过指示信、讲话等反复强调新闻报道真实准确的重要性。早在战争时期即反复强调新闻的真实性。如 1945 年 3 月 4 日，新华社总社提出新闻的真实性关系到党的新闻宣传工作的信用，要有实事求是的态度，要讲究分寸。④ 1946 年 1 月 1 日，又提出："新闻的确实、迅

---

①　郭超人. 喉舌论［M］. 北京：新华出版社，1997：268.

②　郭超人. 喉舌论［M］. 北京：新华出版社，1997：267.

③　郭超人. 喉舌论［M］. 北京：新华出版社，1997：255.

④　新华通讯社史编写组. 新华通讯社史（第一卷）［M］. 北京：新华出版社，2010：213.

速与否，影响政治信用和宣传效果甚大"①，"不真实的新闻，其给读者印象之坏，是不言自喻的"②，"发生新闻不确实的原因，不外由于道听途说，夸大铺张以及不够谨严。在今年一年内，要努力消灭此种现象，记者编辑要经常注意保证新闻的确实"。③ 1947 年 8 月 28 日，新华社发表署名总社编辑部的文章《锻炼我们的立场与作风——学习晋绥日报检查工作》，推广《晋绥日报》反"客里空"运动的经验，提高新闻的真实性。第二，建立联系制度。为了保障真实性报道原则在具体工作中落实到位，新华社制定了建立与各级党政军保持密切联系制度，确保信息来源准确及时。第三，建立分工明确、制度严密的新闻审查校对制度。定期开展新闻报道检查，④ 以确保新闻信息的准确无误。新华社重要社论、消息、通讯、文章定期由党中央审定，其他稿件由有关部门指定专人审查。稿件实行签字制度。⑤ 这些措施的严格推行为新华体的真实性品格建构了过滤网，这些过滤网，将编辑记者不重视新闻真实性的错误观念、马虎态度以及不权威信息来源、错误信息等过滤掉，保证了新华体的真实性。

其次，新华社对新闻真实性的要求具有全国视野，实行的是国家标准。新华社是基于国家大局、国家通讯社和国际新闻通讯社的标准严格自我要求的。

再次，新华社对新闻的真实性的高标准、严要求使新华社的新闻报道始终保持着相当高的质量水准，具有鲜明的新闻专业主义倾向。新华社新闻报道或许严谨有余，活泼不足，但也由此与新闻报道的油嘴滑舌、添油加醋一刀两断。新华社新闻报道的真实是构成新华体壮美风格基调的重要基础。

2. 快速、简洁是新华体壮美风格的重要保障

首先，新华社对新闻报道的新鲜性要求高。新闻的特点是"新"，是大

---

① 新华社新闻研究部. 新华社文件资料选编(第一辑)。

② 新华社新闻研究部. 新华社文件资料选编(第一辑)。

③ 新华社新闻研究部. 新华社文件资料选编(第一辑)。

④ 李志英. 秦邦宪(博古)文集[M]. 北京：中共党史出版社，2007：491.

⑤ 李志英. 秦邦宪(博古)文集[M]. 北京：中共党史出版社，2007：466.

家"应知而未知"的事实。如何体现"新"？其一就是对新近发生的事实快速反应。1946年1月1日，新华社总社给各总分社、分社致信，指出："新闻的确实、迅速与否，影响政治信用和宣传效果甚大。"①"对时间问题，不能只看作是技术问题，而应看作是政治问题。常因时间之差，影响政治上的主动与被动。我们对此不太注重，有时一件事情发生，要在几天后才有报告，甚至有两三个月以前材料当作新闻发表，以致读者不感兴味。有些很有价值的新闻，就因时间落后，被他人捷足先登，利用作宣传资料，或者只起了证实他人消息的作用，现在别人在争钟点，我们因条件限制，诸多困难，但也应力争时日。在争时间问题上，除培养时间观念外，当应与党政军各方接洽，在有电话、电台和骑兵通讯员处，尽可能求得利用这些交通工具。"②1987年7月18日，中共中央宣传部、中央对外宣传小组和新华社向党的新闻机构联合发出《改进新闻报道若干问题的意见》(以下简称《意见》)，强调新闻的时效性问题，指出："新闻时效不是一个单纯的技术问题而是关乎我国新闻舆论机构同西方媒体争夺国内外受众的传播效果问题。新闻舆论机构对国内重大事件和突发事件，理应在西方记者报道之前向国内外公布(事先要经过必要的请示)，争取主动，使受众不受或少受西方歪曲宣传的影响。"③"新闻报道改变不重视时效、信息不及时的毛病，在事实准确、不与党和国家方针政策发生抵触的前提下，大力提高报道的快捷程度，报道好当天、甚至刚刚发生的事情，是国际舆论交锋取胜的关键问题之一。"④为了做到快速及时，新华社要求新闻工作者在思想上切实增强时效意识，真正明白做好电讯就是政治上的作战，以最高的责任心来从事这一工作。⑤ 在业务上，"每条新闻寻求最好的报道方法"，以"达到宣

---

① 新华社新闻研究部. 新华社文件资料选编(第一辑)。

② 新华社新闻研究部. 新华社文件资料选编(第一辑)。

③ 郑保卫. 中国共产党新闻思想史[M]. 福州：福建人民出版社，2005：410.

④ 郑保卫. 中国共产党新闻思想史[M]. 福州：福建人民出版社，2005：410.

⑤ 新华社新闻研究部. 新华社文件资料选编(第一辑)。

传上的预期效果"。① 在技术上，在许可的条件下，尽量采用最先进的通信技术，以确保新闻以最快的速度与读者见面。比如对突发事件实行 24 小时滚动播出制度。推进渠道创新，搭建基于互联网的全媒体供稿库，构建"卫星供稿"（线）+"互联网供稿"（库）新模式，提高新闻发布速度等。由于新华社在新闻信息生产中所处的上游位置与国家所赋予的权威性及其对一些重大信息生产的垄断性，有利于新华体形成信息传播的首因效应，并由此产生了排他性。迟来的新闻报道会因为报道时间的后置而使新闻价值大打折扣。

其次，新华社对新闻报道简洁性的自觉追求。新闻要新鲜塑造了新华体简洁的风格。简洁有利于提高速度，有利于突出最新鲜的内容，也有利于远离低俗和煽情。新华社一贯重视新闻的简洁性。在《电讯要简练》一文中，新华社指出，在报道形式上，要学习别人简洁扼要的技能。② 1953 年12 月，新华社时任社长吴冷西在第三次全国社务会议上指出，新闻写作"事实要精练"，去掉"不完全能说明问题的材料"，采用"精练的、带有典型性的、有说服力的、能体现党的政策思想的事实"，文字要"简洁、确切、优美。反对陈词滥调，废词废句，僻词僻字"，"要写得快，写得及时"。③ 为了鼓励记者多写短新闻，新华社每年在全社范围内开展"清新文风"范文征集和评议活动等，大力倡导"短、新、实、活"的清新文风，并设置短新闻奖。④ 记者深入生活，捕捉生动典型的新闻事实的积极性提高了，更多短小精悍、生动活泼的新闻报道不断涌现。如 2016 年 2 月 14 日新华社记者张建采写的《红旗渠畔的期盼》一文。虽然该文只有 500 余字，但却包含了丰富的信息，不仅反映了红旗渠畔农村缺水的现状，"当地依然为水犯愁""村民张换生春节家里水窖没有一滴水，只能靠往家里推水"，

---

① 新华社新闻研究部. 新华社文件资料选编（第一辑）。

② 新华社新闻研究部. 新华社文件资料选编（第一辑）。

③ 新华社新闻研究所. 吴冷西论新闻报道［M］. 北京：新华出版社，2005：68.

④ 徐兆荣. 接地气　贴民心　转作风——新华社采编业务改文风的实践与思考［J］. 新闻与写作，2013(3).

还指出了缺水的原因,"活水被强行改道,白白浪费"等,同时又真实地反映了群众的心声,"希望政府帮着把山上流下的活水弄到村里","帮助村里重新规划一下自来水管网,把管道埋得深一些,管道口径再粗一些"。整篇文章,语言简洁质朴,信息丰富,堪称短小精悍的佳作。

再次,在真实的基础上要求报道快速、简洁,不是单纯求快、求短,而是力求精练。快速、简洁体现了新闻报道的高水准,是建构新华体壮美风格的重要保障。

3. 新华社以追求新闻价值的全国意义为重要任务和核心竞争力

新华社新闻报道讲求国家视野,讲求国家层面的治国安邦价值,并因此成为新华社新闻价值观的特有社会背景。新华社新闻价值的全国意义常被凝练为"全国观点"这一命题。"全国观点"对新华体的作用主要体现在以下两个方面。

首先,新华体要对全国的工作有指导意义。是指新华社的新闻报道内容事关国家层面的治国安邦、对外交往等,有利于中央对全国工作的指导。第一,把对党和国家政策方针的宣传作为新华体的重要内容。党和国家的方针政策是党和国家指导全国工作的纲领性文件。新华社新闻报道的"全国观点"之一,就是宣传党和中央政策的观点。① 曾担任新华社社长的吴冷西说,对党和国家政策在各地的执行情况以及执行过程中出现的问题、经验等的宣传报道,有利于人民对中央的方针政策认识,也有利中央通过新华社及时充分了解各地的情况,交流各地的经验,指导各地的工作。② 如何加强党和国家政策的宣传,新华社要求各地分社建立党的方针政策的学习制度,定期学习讨论国家的政策。同时要求各级组织上下之间加强联系,总社及时将重要的情况和宣传方针通知各总分社、分社及记者组,总分社亦及时将全区或全军的重要情况或报道重点告知各分社和记者组,而各下级的组织亦有责任将本地的情况和报道计划及时报告上级组

---

① 吴冷西. 吴冷西论新闻报道[M]. 北京:新华出版社,2005:8.
② 吴冷西. 吴冷西论新闻报道[M]. 北京:新华出版社,2005:9.

织。① 进入 21 世纪，新华社新闻报道的业务自主权空间虽然有所扩大，但服从于国家大局的工作宗旨没有变。新华社讲究通过学习和上下组织之间的沟通等途径，使编辑记者掌握中央的政策及其精神实质，在新闻生产实践中正确贯彻中央意图，使新闻话语体现出中央的意志，从而实现新闻报道对全国工作的指导。第二，在对新闻事实的择取上注意事实中蕴含的全国意义。在"全国观点"的指导下，新华社的编辑记者在新闻的策划、采写、编辑等生产过程中，不仅仅是根据当地的需要、本部门的需要或记者的主观愿望，采写或选择稿件，而必须从全国范围实际工作的需要有计划地采写和选择稿件。② 新华社第一次全国社务会议上时任社长吴冷西说："我们报道某一件事、某一人物、某一工作时，首先就要考虑它对全国人民有什么意义，对全国的工作和斗争有什么意义。"③如 1989 年 7 月 10 日新华社记者吴国清采写的《我国西部地区正在开辟一条对外开放的"西部通道"》，把宁夏重开"丝绸之路"的举措，与西北地区加快对外开放的大背景，乃至西部地区沿边开放的大背景联系起来，从国家平衡东西部发展关系的角度和对应一些西方国家制裁的角度来把握，从国家所处的国际环境和国内政治背景来衡量，提炼出我国全方位对外开放的重大内容主题，使稿件有了沉甸甸的分量和深刻的内涵。该文记者吴国清后来撰文说，这篇文章之所以成功，一个重要原因是当新华社记者使自己树立了全国观点，这样一种职业潜意识行为在选题时发挥了重要作用。④

其次，新华体要满足全国读者的需要。新华社新闻报道的"全国观点"对新华体作用的第二个体现是新闻报道要满足全国读者的需要。虽然新华社作为通讯社，其主要的用户是全国甚至全世界的新闻媒体，但是这些新

---

① 吴冷西. 吴冷西论新闻报道[M]. 北京：新华出版社，2005：12-13.

② 新华社总社关于改进新闻报道的几点意见[J]. 业务通报，1949(1).

③ 新华社国内新闻编辑部. 我们经验(第一卷)[M]. 北京：新华出版社，2001：65.

④ 新华社总编室. 新华社十佳编辑记者作品选(第一辑)[M]. 北京：新华出版社，2001：121-122.

闻媒体最终还是要把从新华社获取的新闻信息传播给全国的读者。因此，新华社最终的用户仍然是全国各地的读者。既然面对的是全国各地的读者，新华社的新闻信息生产就不能拘于一地，必须从满足全国读者的需求出发进行新闻事实的选择，看它们能否对全国其他地区的读者有意义。1953 年 3 月 16 日，吴冷西在新华社的编委会议上指出，新华社应使自己的新闻具备广泛的社会兴趣，吸引和教育广泛的读者。新华社要考虑全国读者的需要，考虑对全国读者的教育意义。① 以《23 岁女生被全城"拦截"?! 原来是因为……》(新华社 2018 年 11 月 20 日电稿) 一文为例，该文讲述了浙江省台州市第一人民医院内分泌科护士颜媚在下班的路上见到一位心脏病人并及时施救，最后挽救了病人的生命。当她默默离开，被她行为感动的路人拦截，问取她姓名的感人故事。在人们困惑于见到摔倒老人该不该扶，路上病倒的人该不该救的社会背景下，颜媚以自己的实际行动给世人上了生动的一课。新华社记者敏锐地捕捉到了这一事件蕴含的社会示范意义，及时予以报道，满足了全国读者对扶危济困、见义勇为的心理需求，鲜明地表明了新华社的立场。新华体所折射出来的全国意义，使新华社的报道高屋建瓴、大气磅礴、豪迈奔放，体现了社会主义中国蒸蒸日上的国势与中国共产党人的远大抱负，是新华体壮美风格的有机组成部分。

4. 新华社为大局服务的观念建构了新华体的大局意识

首先，把国内外大局作为选择新闻报道主题、内容重点与表达方式的首要标准。曾经担任新华社社长的穆青说，新华社的新闻报道是否符合社会生活实际，要根据当前国内外的整体形势来判断。若是和大局的要求一致，那就应该认为是联系了实际；如果不符合大局的要求，就是脱离了实际，即便新闻报道中反映了实际生活中的种种现象，亦然。② 根据国内外大局选择新闻报道的内容，是新华社为全国大局服务的新闻报道观的特殊

---

① 吴冷西. 吴冷西论新闻报道[M]. 北京：新华出版社，2005：50.
② 郭超人. 喉舌论[M]. 北京：新华出版社，1997：83.

体现。新华社要求记者编辑们研究大局，研究党的政策，知道如何根据国内外形势进行报道。这些要求内化为编辑记者的行为，使他们在新闻内容的选择上以国内外大局为判断标准。以《制止国有资产无偿量化给个人》（新华社2001年8月28日电稿）一文为例。这篇文章的写作背景是21世纪初，一些地方出现国有企业资产无偿量化分配给个人的现象，并且很多人对这种做法持肯定的意见，有的地方开始借鉴和推广这种做法。党中央对这种私吞国家资产的做法曾多次提出批评。新华社记者贺劲松根据国内大局，敏锐察觉到这一问题的重大性，于是深入采访。稿件发表后，引起强烈震撼。国资委迅速发文，要求各地制止这种违反国家政策的做法。随后，在各地政府的大力监管下，这种打着改革旗号的错误做法被停止。此稿因从党和国家的大局出发反映问题，得到国务院认可，被评为年度中国新闻奖二等奖。立足国内外大局进行新闻报道的议题设置，造就新华体大开大合、刚健有为的特点，从而彰显新华体鲜明的壮美风格。

其次，以国内大局为参照指标，选择有利于推动事件良性发展的报道时机。把握有利的新闻报道时机也是新华社为国家工作大局服务的新闻报道观的重要体现。新闻报道传播效果的好坏与报道时机也有很大的关系。特别是在突发事件的报道中，这一点表现得尤为突出。新华社作为国家通讯社，在突发事件的报道中，把握恰当时机发声，不仅有利于舆论引导，同时有利于推动事件向良性方向发展。以2013年1月4日河南省兰考县7名孤儿和弃婴命殒火海一事为例。该事件发生前后，媒体从不同角度对新闻事实的主要当事人袁厉害进行了报道。一些媒体以帮扶弱势群体为出发点，把袁厉害塑造成一位完美的"爱心妈妈"；另一些媒体又把袁厉害描写成利用孤儿和弃婴中饱私囊的自私、贪婪、狡诈的悍妇。一时间舆论哗然，袁厉害的真实面目和她的行为在众声喧哗中变得模糊不清。与此同时，火灾所暴露出的根本问题，即当地政府和民政部门在"困境儿童"救助方面的失职却被大部分媒体有意或无意地忽略了。在舆论哗然、各种声音此起彼伏之时，新华社及时发声推出《袁厉害：我就是想让孩子有个活命》（新华网郑州2013年1月6日电稿），报道了袁厉害收养孤儿和弃婴的想法、费用来源、火灾发生时及之后的行为和心理等，还原整个新闻事件，有力地回击了对袁厉害的美化和妖魔化两方面的报道。对于有媒体践踏新闻报道的真实性原则，把袁厉害描写成利用孤儿和弃婴中饱私囊的自私、贪婪、狡诈的悍妇，当地政府部门个别干部推卸责任，把袁厉害收养孤儿定性为非法收养等，新华社更是直接发出《没人有资格对袁厉害说三道四》（新华网南京 2013 年 1 月 7 日电稿）、《袁厉害事件：不该拿毫不利己标准要求》（2013 年 2 月 6 日新华视点）等声音，表明态度和立场，引导舆论。同时，新华社不忘推动事件健康发展，2013 年 2 月 8 日新华微评推出《袁厉害有多少房？有关部门该说话了》一文，提醒当地有关部门还原事实，澄清真相。对于这次火灾所暴露的根本问题，新华社更是一针见血地推出《兰考有些干部愧对焦裕禄》（新华网北京 2013 年 1 月 5 日电稿）、《兰考政府欠袁厉害一句"感谢"》（2013 年 1 月 8 日新华微评）等。在整个新闻事件的报道中，新华社把握有利时机，站在舆论前沿，还原事实真相，表明立场态度，以客观、理性的报道引导受众正确看待问题，推动事件朝着健康的方向发展，其新闻话语建构了一个国家通讯社的大局意识，发挥了党的喉舌应有的舆论引导力量。而恰当的报道时机也显示了新华社卓越的政治智慧，彰显了新华社为国家工作大局服务的不凡能力。毫无疑义，为大局服务的意识与能力强化了新华体积极有力的现实干预力量，有轻有重，有大有小，轻重大小处置适宜，在自强不息的追求中，洋溢着强烈的阳刚气息与举重若轻的气度，完美体现出壮美的风格。

二、新华社的新闻事业观对新华体的作用

（一）新华社的新闻事业观

新华社的新闻事业观是社会主义新闻观的有机组成部分。首先，一般的新闻事业观。理论新闻学认为，新闻事业是新闻信息机关、公共文化机关与社会舆论机关，主要功能是发布新闻信息，反映民意，引导舆论，服务受众，服务社会。其次，社会主义新闻事业观。我国的理论新闻学术界

普遍认为，新闻事业是新闻信息机关与社会舆论机关，是党、政府和人民群众的耳目喉舌，其主要功能是发布新闻信息，反映舆论，引导舆论，服务受众，服务社会，宣传党的理论、政策与主张。再次，新华社的新闻事业观。作为国家新闻通讯社，新华社与我国其他新闻单位既有相同点，又有不同点。新华社是新闻信息传播机构，但又是我国最主要的专司新闻信息中上游生产的主流传媒，是舆论机关，在反映舆论、引导舆论上具有非常重要的地位。信息传播机构和舆论机关是关于新华社的最为重要的新闻事业观。新华社既是信息传播机构，又是舆论机构。

1. 新华社是一个专门从事信息生产传播的专业机构

第一，它的最基本职能是生产以新闻信息为核心的新闻，为其他的新闻单位和社会提供信息服务。新华社是通讯社，与报纸、电台、电视台等不同，通讯社的基本职能是向各种媒体提供新闻、向社会传播信息，要遵循新闻信息的一般传播规律。信息有助于消除人们认知上的不确定性，推动社会交往，服务于社会的政治、经济与文化生活。信息机构又是国家软实力的有机组成部分。新闻信息传播要真实、准确、快速、客观，要以受众的需要与公共利益为出发点和落脚点。新华社如此，美联社亦如此。这些关涉新闻信息传播的基本原理，上文已有明确的论述，在此不再赘述。第二，新华社又是我国的信息总汇。除了党的耳目喉舌这一基本功能外，作为国家新闻通讯社，新华社另一个责无旁贷的功能是全国信息总汇。这属于国家的通盘考虑与宏观战略，是新华社有别于人民日报、中央电视台、中央人民广播电台等媒体的特殊功能。1953年，在新华社编委扩大会议上，时任新华社社长的吴冷西指出，"消息总汇应该充分地、及时地、精确地报道对人民群众有教育意义和对实际工作有指导意义的新情况、新事物、新人物、新经验"，① 明确了"消息总汇"的基本任务。新华社依据自身的媒介定位与功能，不断强化自身的全国消息总汇能力。据本书第三章统计，2016年新华社全年的新闻报道中，消息体裁占了近90%，从一个

---

① 新华社新闻研究所. 吴冷西论新闻[M]. 北京：新华出版社，2005：44.

侧面证明了这一点。而新闻话语以消息为主是新华体的一个特色，成为新华社消息总汇的具体表现。

2. 新华社也是一家舆论机构

马克思说，报刊是"广泛无名的社会舆论机关"，[①] 包括报刊、广播电台、电视台、网络、通讯社等在内的新闻媒体被称作舆论机构。所谓舆论机构就是充当社会思想的引导部门和舆论集合主体的舆论传播媒体。舆论传播媒体不仅经常代表某种舆论发言，而且担负着引导和控制舆论的任务。[②] 新华社是国家通讯社，党、政府以及人民的喉舌，担负着舆论监督和舆论引导的任务。第一，新华社通过新闻信息生产设置议题，引起公众关注，引导舆论导向。媒介对舆论的引导称为议程设置。[③] 媒介通过突出报道某些事件或活动，使其引起公众的关注，从而实现对舆论的引导，所以大众传媒的议题对社会舆论具有"风向标"的作用。新华社作为国家通讯社有强大的议程设置能力，可以为其他媒体设置议程，从而达到最广范围地引导舆论。第二，它必然要站在执政党的立场上进行一定的舆论引导，在人民利益与党的利益共同作用下，采取一定形式进行必要的舆论监督。新华社是国家通讯社，党、政府和人民的喉舌，必然要站在执政党的立场上介入舆论引导活动之中。同时，新华社作为国家通讯社，自身具有强大的舆论影响力，在必要的时候进行一定的舆论监督，可以起到惩恶扬善、激浊扬清的作用。第三，作为舆论机关，新华社既是党的舆论机关，又是人民的舆论机关。而作为新华社新闻信息的集中表现，新华体既要反映人民的意志，又要反映执政党的意志，力求做到人民意志和执政党的意志相统一。

---

① 马克思，恩格斯. 马克思恩格斯全集（第七卷）[M]. 北京：人民出版社，1959：523.

② 童兵，陈绚. 新闻传播学大辞典[M]. 北京：中国大百科全书出版社，2014：206.

③ 刘建明，等. 舆论学概论[M]. 北京：中国传媒大学出版社，2009：164.

（二）新华社的新闻事业观对新华体的作用

新华社的新闻事业观，归纳起来有两个方面：第一，信息功能观，即新华社是以传播新闻信息为主的新闻机构。第二，舆论工具观，即新华社是一定的舆论机构。作为以生产新闻信息为主的信息传播机构，新华社的新闻报道要遵循新闻信息的传播规律。同时，作为舆论机构，新华社又是党、政府和人民的舆论工具。以上两个方面在新闻实践中均会对新华社的新闻报道发生作用，使新华社新闻报道集中体现的新华体，既要体现新闻的传播规律，又要秉持马克思主义新闻观，表现出客观性和主观性的统一。

1. 新华体要客观真实

新闻的信息功能观认为，新闻是一种信息，要客观真实。作为新华社新闻报道的集中体现，新闻的信息功能观建构了新华体真实准确、用事实说话的品格。

第一，建构了新华体真实准确的品格。信息功能观认为，新闻是一种信息。新闻传播活动是一种信息传播活动。新闻信息能消除人们对环境变化的不确定性，为人们的决断和行为提供参考。[①] 因此，新闻信息必须真实准确，只有这样，人们才能够据此做出合适的调整，以适应周围的环境。新华社对新闻的真实性有严格的要求，不仅要求确有此事，还要准确，达到微观真实和宏观真实、表象真实和本质真实、相对真实与绝对真实的有机统一。这一点，上文已有详论，在此不再赘述。

第二，建构了新华体注重用事实说话的品格。新闻是信息，新闻的首要功能是传播信息，但不同的社会力量总是想方设法通过新闻信息传播表达有利于自己的主张。然而，脱离信息传播，脱离新闻真实性的信息传播，向读者灌输某一种思想，不仅违背了新闻传播规律，也违反了宣传活动规律。曾经担任新华社社长的穆青说，新闻是事实的报道，要通过事实

---

① 张举玺. 实用新闻理论［M］. 开封：河南大学出版社，2006：8-9.

阐明观点。① 如 1997 年 5 月 30 日张伯达、韩晓晖采写的《夏收何必搞仪式 小麦未熟遭"剃头"》，文章以白描的手法，通过记者现场所见所闻，抨击了形式主义的危害。作者自始至终没有站出来发表观点，而是通过诸如"3 台卡车'吐'出一口口泛青的麦粒。一台收割机因麦粒太湿发粘而发生'肠梗阻'，3 个工人顶着烈日，为此忙乎了半天"这样的事实，使形式主义的危害昭然若揭。又如 2023 年 1 月 24 日新华社记者潘晔、李雨泽采写的《年味升腾，数字动能带旺"小店经济"》，文章通过秦淮灯彩非物质文化遗产传承人贺双生通过多个社交平台、电商平台把花灯卖到全国各地，世纪华联优鲜超市以网上下单"商品 1 小时送达"的即时零售提升销售额，水果店商王彩红安装自动识别果蔬的人工智能收银设备减少人力成本等事实，展示了数字化技术对个体经济的发展促进。文章没有一句评论，全部用事实说明问题，既生动又巧妙地表达了作者的观点。类似文章还有《我国选手获得奥运会第一块金牌》(新华社洛杉矶 1984 年 7 月 29 日电稿)、《关于股市的通信》(新华社 1992 年 9 月 27 日电稿)等。这些新闻报道通过对事实的选择和组合表达观点，把观点藏在事实的背后，既遵循了新闻的传播规律，又表达了观点。这种表达观点的方法，在西方称为客观报道。不过在新华社的新闻报道中，对新闻用事实说话的强调也存在一定的绝对化倾向。要求所有的新闻报道都"说话"，即都表达意见，有违新闻报道传播新闻事实这一功能，有时反而导致报道出现明显的主观色彩。报道与言论区分不清晰，反易招致受众的抵抗。客观报道在西方新闻界被奉为圭臬。美联社 1900 年在改组时就明确地提出了"报道事实，而不报道意见"的宗旨。② 美联社记者劳伦斯(Laurence)说，美联社不允许记者对传播的事实作评论。记者的任务就是传播事实。美联社要求记者公平、公正报道，不允许有党派倾向。③ 在这一宗旨的规制下，美联社在进行新闻话语

---

① 穆青. 新闻工作散论[M]. 北京：新华出版社，1983：126.

② 万晓红，张楠. 国际新闻媒介[M]. 北京：清华大学出版社，2016：9.

③ [美]赫伯特·阿特休尔. 权力的媒介[M]. 黄煜，等，译. 北京：华夏出版社，1989：152.

生产时注重事实性材料的运用。尊重新闻事实，讲究传播规律是新闻报道真实性的客观基础。

第三，注重生动性和可读性。新闻的信息功能观认为，信息传播要讲究方法和技巧，要生动地呈现新闻事实，吸引读者的注意。在这样的观念驱使下，新华社对新闻话语的可读性越来越重视。为了改变新华社新闻话语的模式化和公式化，穆青曾提出"尝试用散文笔法写新闻"，倡导"充分吸收散文写作中的那种自由、活泼、生动、优美、精练的表现手法"。① 新华社记者郭玲春的《金山同志追悼会在京召开》，在可读性上有一定的进步意义。20 世纪 80 年代初，穆青又提出写视觉新闻。他认为视觉新闻可视、可感，栩栩如生，对读者的吸引力大。并指出，写好视觉新闻的关键是紧扣主题，运用思维，把事实本身所固有的特点形象、生动地呈现出来。② 如 1984 年 10 月 18 日，冯森龄采写的《陕北有煤海》一文，该文具有强烈的画面感和镜头感。一开始，作者写道："记者新近去陕西北部的神木、府谷等地采访，所到之处几乎都见到了煤，简直像是走进了煤的海洋。"一个"见"字，一个"海洋"，使读者仿佛一下子进入了新闻现场。新闻导语之后的五个自然段，犹如电影中的五组分镜头，生动有力地向读者展示了陕北煤海的大气象。写视觉新闻改善了新华社新闻报道"枯燥和概念化的缺陷"，提高了新闻的可读性和生动性。进入 21 世纪，随着媒介技术的发展，新媒体如雨后春笋般蓬勃发展，新华社及时抓住信息传播的新技术浪潮，抢占新媒体市场，通过开设微博、微信公众号，进军抖音等短视频平台，直接与受众互动，并顺应社交媒体的社交属性，创新新闻话语的表达方式，其创造的"刚刚体"因语言通俗、简约，风靡一时，被很多媒体效仿。同时，新华社加速推进融合新闻报道，借助文字、图片、影像等符号元素，开展多模态新闻话语传播，提高新闻的生动性和可读性。以 2021 年 1 月 2 日新华社推出的融合报道《2021，送你一张船票》为例，该作品以南

---

① 穆青. 穆青论新闻［M］. 北京：新闻出版社，2003：81.
② 穆青. 穆青论新闻［M］. 北京：新闻出版社，2003：244.

湖红船为线索，将文字、国潮插画、闯关游戏、音乐、音频文献融入 H5之中，让网民领取船票，置身于中国共产党的领导下，中华民族走出黑暗、走向复兴的百年征程中，感受百年来翻天覆地的巨大变化。作品在精准表达主题的同时，充分运用多模态话语和多种表现形式，调动用户互动参与，通过答题闯关生成专属纪念海报，形成裂变传播，成为建党百年报道中"破圈刷屏"的现象级作品。

在新闻的生动性和可读性上，美联社一直以来比较重视。因为在西方国家，新闻信息是商品，是为了出售给读者。对读者没有吸引力，信息的商品价值便无法实现。美联社虽然自身不以营利为目的，但是其会员往往具有企业性质，以新闻信息商品交换来实现社会目的、经济目的。因此，作为为这些会员服务的"公仆"，美联社的新闻信息商品生产也很重视可读性和生动性。美联社一直鼓励记者写出好看的新闻报道。美联社特写新闻部主任布鲁斯·德希尔瓦积极宣扬"讲故事"的写作方式。他说，故事生动有趣，对受众的吸引力大，通过讲故事向受众传播信息，容易被受众接受、理解和记忆。① 同时美联社还非常重视细节描写，要求记者写作"应当具体而简洁。应当选取那些能看得见的具体事实"，比如"州参议员'小个子'克利福德·克鲁格星期五把他那重达 300 磅的身躯安顿在证人席上，并且说不应当禁止胖人领养孩子"。② 这个短小而精彩的段落一下子就把读者吸引到了新闻故事之中。

2. 新华体离不开一定的主体立场

作为一定的舆论机构，新华社又是党、政府和人民的舆论工具。其新闻报道要体现一定的立场，报道什么，不报道什么，怎么报道，什么时间报道等都要根据国家工作的大局，由新华社编辑部统一安排。这就使新华体必须反映新华社鲜明的立场取向。

---

① ［美］杰里·施瓦茨. 美联社新闻报道手册［M］. 曹俊，等，译. 北京：中央编译出版社，2014：222-223.

② ［美］杰克·卡彭. 美联社新闻写作指南［M］. 刘其中，译. 北京：新华出版社，1988：69.

　　第一，议程设置突出党的中心工作。新华社是一定的舆论机构，是党、政府以及人民的喉舌，担负着代表党、政府以及人民发言和进行舆论引导的任务。作为国家通讯社和全国"消息总汇"，新华社有着强大的新闻生产能力，这是其他媒体无法比拟的优势。同时作为通讯社，其主要任务是向其他新闻媒体用户提供信息。因此，它能通过自身的议程设置影响其他媒体的议程设置。在舆论的传播中，当一种意见被多家新闻媒体连续扩散时，这种意见很可能被多数人接受和认同，并最终转化为舆论合力。一旦形成舆论合力，广大公众就能够形成强大的凝聚力，表现出强烈的一致态度、立场和行为，专注地投身到解决公共问题的社会运动中。① 因此，中国共产党对新华社的舆论引导功能很重视，把它定位为党的喉舌，以期通过它强大的舆论影响力达到号召公众，凝心聚力搞好革命和国家建设的目标任务。新华社在新闻业务实践中贯彻党的意志，议程设置突出党的中心工作，引导公众对党的中心工作的关注和认同，并投身到党的中心工作中。1995 年 1 月 22 日，新华社时任社长郭超人在新华社国内工作会议上指出，"新华社宣传报道第一位的任务"是"对党的指导思想、基本路线、方针政策的宣传，对党的中心工作和党中央的重大部署的宣传，对党和国家领导人的重大国事活动的宣传"，② "通过宣传正确描绘党和政府的形象，坚决维护党中央的权威"，③ 这是新华社发挥党中央"耳目""喉舌"作用的集中体现，是新华社作为国家通讯社权威性的体现，要"理直气壮地把这方面的报道搞得更好"。党在一个时期的路线方针政策，是党的中心工作的制度体现。④ 穆青认为，做好党的政策宣传是记者的职责。⑤ 针对如何做好党的政策宣传，他指出，要丰富多彩、有声有色。要通过事实宣传政策的由来和根据，展示政策的贯彻执行情况和所取得的效果。同时还要注

　　① 刘建明，等. 舆论学概论[M]. 北京：中国传媒大学出版社，2009：162.
　　② 郭超人. 喉舌论[M]. 北京：新华出版社，1997：268.
　　③ 郭超人. 喉舌论[M]. 北京：新华出版社，1997：268.
　　④ 郭超人. 喉舌论[M]. 北京：新华出版社，1997：268.
　　⑤ 穆青. 新闻工作散论[M]. 北京：新华出版社，1983：185.

意考察政策是否正确，还有什么需要补充修改和进一步完善的问题等。①新华社社长总体负责新华社的业务工作，他们的思想实际上也是新华社的指导思想。在这些思想的指导下，新华社的新闻报道议题设置倾向于党的路线方针政策、党的中心工作和党中央的重大部署等。根据本书第三章的统计，2016年新华社全年新闻报道中，居于首位的是政治题材，从一个方面验证了新华社对党的路线方针政策和中心工作的重视。而作为新华社新闻报道的集中体现，新华体在内容上也相应表现出反映党的中心工作的新闻事实材料比重较大。

　　第二，反映舆论，引导舆论。新闻传媒既是信息传播机构，又是重要的舆论引导机关。新闻传媒既生产、传播新闻事实信息，又生产传播意见信息。传者通过新闻媒体、新闻机构，生产和传播新闻事实信息，特别是蕴含在新闻事实中的意见信息，发挥舆论引导功能。胡乔木说："报纸是人民的教科书。"②穆青认为，"记者的职责，就是要善于从现实生活中，为广大群众提供丰富的思想教材"。③"记者应该立志做政治活动家，要善于从政治上考虑问题，要了解国际国内政治动向，了解全局，站在政治思想斗争的前线。"他告诫记者，千万不要把自己仅作为一个写稿子的人。"要时刻考虑如何通过新闻报道，帮助党贯彻政策，教育群众，进行斗争。"④执政党的领导者与新闻单位高层领导的主张说明传媒的新闻报道总是和社会舆论相关。20世纪60年代，我国集中而突出地涌现出一批质量上乘的典型报道，其中不少出自新华社，比如"县委书记的榜样焦裕禄"至今依然是党员的典型代表，其精神召唤一代又一代共产党人默默奉献，当好人民的公仆。21世纪中共中央做出打赢脱贫攻坚战的决策部署后，新华社播发《习近平的扶贫故事》《我国所有贫困县全部脱贫》等一系列"脱贫攻坚"主题报道，充分展现了中国共产党人带领全国各族人民奔赴全面建成小康社

①　穆青. 新闻工作散论[M]. 北京：新华出版社，1983：184-185.
②　穆青. 新闻工作散论[M]. 北京：新华出版社，1983：87.
③　穆青. 新闻工作散论[M]. 北京：新华出版社，1983：148.
④　穆青. 新闻工作散论[M]. 北京：新华出版社，1983：152.

会的生动历史画卷。新闻媒体总是自觉不自觉地反映一定的舆论，作用舆论，从而影响舆论的走向。根据本书第三章的统计，2016 年新华社的新闻报道中有 64.8% 的新闻有思想性。讲究公共利益，注意信息品位，是主流媒体与娱乐性传媒的重要区别。中西媒体一律如此。美国的《纽约时报》、英国的《泰晤士报》有别于大众化报纸《今日美国报》《太阳报》的关键在于其信息的严肃、重要。作为国家通讯社、我国重要的主流媒体机关，新华社高度重视公共利益，讲究为执政党和人民群众的利益提供信息服务，显然新闻舆论具有思想性，成为新华体品格的一个有机组成部分，自有其必然性。

　　第三，进行必要的舆论监督。舆论监督是来自精神方面的力量约束。新闻媒体的舆论监督是社会舆论监督的主导力量。美联社在新闻报道中对违法、犯罪等负面信息比较偏好，如 2016 年全年的新闻报道中有 47.33% 的新闻是负面报道。新闻媒体立足于执政党为人民服务的宗旨与人民群众的根本利益，对社会的丑恶现象进行必要的曝光，可以起到惩恶扬善、激浊扬清的社会作用。1978 年，中共中央宣传部、中央对外宣传小组和新华社联合向党的新闻机构发出《改进新闻报道的若干问题的意见》指出，新闻媒体在坚持正面报道为主的同时，也要选择具有典型意义的负面社会现象或问题进行报道，利用新闻媒体的强大监督力量，来保证党和政府的方针政策更好地贯彻执行。[1] 新华社依据党中央的要求，坚持正面宣传为主与加强舆论监督的一致性，从有利于问题的解决出发，积极、审慎地进行舆论监督，比如对商业欺诈的抨击《商业部长买鞋上当记》(新华社北京 1990 年 9 月 11 日电稿)，对网络电子游戏侵害青少年身心健康的揭露《网络"死亡游戏"真实上演——青少年沉迷暴力电子游戏调查》(新华社长沙 2018 年 2 月 7 日电稿)等，起到了净化社会环境、促进社会稳定的积极作用。随着执政党对舆论监督的重视，舆论监督也成为新华体一个不可或缺的特征。舆论监督在西方新闻界是常态。在美国，新闻媒体被称为"第四种权力"，

---

① 郑保卫. 中国共产党新闻思想史[M]. 福州：福建人民出版社，2005：412.

要对其他三种权力形成制约。因此，媒体监督政府是社会赋予的权利，批评政府和官员是媒体"永恒的主题"。①

第四，议题设置在符合党和政府的利益的同时，也要注意服务于人民的利益与人民群众的关切。新华社既要立足于党和政府的立场进行新闻报道，又要立足于代表人民群众的根本利益进行新闻报道，在议题设置上力求两者的统一。1994 年 4 月 23 日，新华社时任社长郭超人在中宣部召开的宣传工作座谈会上指出："要深入研究群众的思想动向，以增强舆论引导的针对性。"②他认为，新华社应积极主动地关注广大人民群众共同关心的重大热点、难点问题，要把群众想说的话说出来。比如关于菜价问题的报道、药价问题的报道等反映了人民群众的呼声，化解了矛盾，引导了群众，促进了社会的稳定。习近平在致新华社建社 90 周年的贺信中也提出，在全面建设社会主义国家的新征程上，新华社要在党的领导下，坚守人民情怀。但是，作为党和人民的喉舌，新华社并非所有的时候都能兼顾双方的声音。在作为人民的喉舌上，新华体还是有差距的。新华社原社长南振中说："进一步密切新闻报道同人民群众的联系，是新世纪新阶段加强和改进新闻报道的着力点和突破口。"③这需要思想建设、作风建设和运行机制的进一步优化。

3. 追求客观性和主观性的统一

新华社既是新闻机构，又是党、政府和人民的喉舌、舆论工具。其新闻话语的生产既要遵循新闻的传播规律，又不能背离执政党的立场，要力求两者的统一。新华社应在"两结合"，即客观性和主观性的结合上不断努力。比如，用事实说话写作技巧的运用，"走基层、转作风"活动的开展等，都是力求新华体主观性和客观性统一的举措。以《领导来了窗口全开——哈尔滨市公安局出入境管理大厅"秒转作风"目击》（新华网哈尔滨 2013 年 8 月 2 日电

---

① 郑超然，等. 外国新闻传播史[M]. 北京：中国人民大学出版社，2008：333.

② 郭超人. 喉舌论[M]. 北京：新华出版社，1997：233.

③ 南振中. 把密切联系群众作为改进新闻报道的着力点[J]. 中国记者，2003（12）：4.

稿)为例,这篇文章以作者的亲身经历反映了形式主义官风的丑脸。全文虽然只有600余字,作者却用生动的事实勾勒出办事机关作风懒散以及形式主义的现实问题。尤其是"缓慢的办事进度瞬间有了'神一般的提升'"等语言的运用,形象地描绘出形式主义的嘴脸。文章既遵循了新闻的传播规律,又传达了作者的立场,达到了客观与主观的统一。追求新华体客观性和主观性的统一并非易事,不是一个编辑部就能完成的事情,而需要方方面面的努力,需要社会主义的持续完善与自我革命。

第四节　小　结

作为新闻话语的生产机构,不论是新华社还是美联社,其机构特征和意识形态必然会作为一种潜在的力量,通过种种不同的方式,作用其新闻的生产。新华社是国家通讯社,代表国家利益,是党进行革命和社会主义建设不可缺少的工具。新华社的性质和功能定位,决定了其新闻报道必须站在全国甚至全世界的高度,代表中国共产党发声,信息要准确、及时、权威。美联社是合作性质的新闻企业,需要兼顾各个会员的利益。同时作为企业,又必须遵循市场规律,讲究趣味性以吸引读者。因此,在某种程度上,新闻话语也是对新闻生产机构特征的再现和建构。

第五章 新华体的社会实践分析

第一节 新闻话语与社会

作为话语体系之一，新闻话语与社会是密切联系的。新闻话语总是对一定的社会实际的反映。

(一)话语的主观取向受制于社会实际

新闻话语尽管表达了话语主体的主观取向，但终依赖于一定的社会实际。20世纪中后期兴起的系统功能语言学以为语言的状况取决于人们对语言的要求，即语言的功能；而语言的功能是多样的，其中的人际功能、语篇功能均与交际相关，尤其语篇功能是和语境发生联系的。由此可见，作为新闻话语的新华体体现着传者与受众之间的沟通，体现着诸传者之间的互动，也体现着传者与社会之间的关联。语境由内部语境和外部语境构成，外部语境又分为情景语境、背景语境。其中，情景语境指产生话语的特定交际情况，包括交际各方主体、交际场合、交际目的、交际方式等。背景语境是人们记忆中贮存的关于世界的百科知识，[①] 规约交际主体的认知框架。对新闻话语而言，情景语境是新闻话语从生产到传播、回馈的具体信息沟通环境，是新闻传媒编辑部及其采编与信源、受众、其他信息交际主体之间互动的符号环境。而背景语境较之情景语境更开阔，话语主

---

① 邢福义，等. 语言学概论[M]. 武汉：华中师范大学出版社，2010：61，193.

体、受众记忆中的百科知识是广泛的，与社会密切相关。换句话说，背景语境是以社会为依托的话语交流的环境。显然，新闻报道以社会内容为主，包括社会实际在内的客观实在，是新闻事实的来源。遵循新闻真实性原则的新闻话语，其所指与新闻事实对应较为严密；反之，则容易构成对新闻事实的较大歪曲。

(二)新闻话语的功能离不开社会实际

社会实际作用于新闻话语，新闻话语又反作用于社会实际。社会实际是第一性的，没有社会实际也就产生不了新闻话语。与系统功能语言学派关系密切的荷兰学者梵·迪克认为："风格是话语典型的、可变的结构特征的总和，这些特征显示了在某一特定的语义、语用或情境中说话人的个性和社会语境的特征。"①系统功能语言学理论和在此基础上确立的批评话语分析学说说明，新闻话语的发生、流动不是孤立的，并非自动生成，而总是一定的大众传媒在与社会的互动中，适应一定的社会功能的产物。新华体的发生、流动亦然，受制于一定的社会，是一定社会功能的表现。另外一位系统功能语言学派的英国学者诺曼·费尔克拉夫所提出的话语分析理论以社会实践向度为主要内容。费尔克拉夫认为，话语分析应有三个向度，即文本向度、生产实践向度和社会实践向度，主张在文本向度、生产实践向度分析之后，进行社会实践向度分析，说明了社会实际之于话语的重要作用。本书依据上述原理，尤其是费尔克拉夫话语分析理论，自此从社会实践向度讨论新华体。

第二节　政治对新华体的作用

一、政治与新闻传媒、新闻机构

现代社会的政治生活与新闻传媒密切相关。

---

①　[荷]托伊恩·A.梵·迪克. 作为话语的新闻[M]. 曾庆香，译. 北京：华夏出版社，2003：75.

（一）政治生活离不开新闻传媒、新闻机构

这和新闻传媒、新闻机构的性质、功能密切相关。新闻传媒、新闻机构是现当代社会的一种重要的政治生活工具。

1. 新闻传媒、新闻机构具有强大的宣传功能

所谓政治(Politics)，是上层建筑领域中各种权力主体维护自身利益的具体行为及其形成的特定关系。在阶级社会中，主要表现为阶级斗争。社会主义社会剥削阶级消灭后，主要表现为人民内部关系的调整和公共事务的管理。而宣传，是运用各种符号传播一定的观念以影响和控制多数人的思想和行为的社会活动，[①] 其基本职能是传递观念。[②] 新闻传媒指的是那种能够引起民众关注，并刊发时政新闻的载体，[③] 又是一种重要的宣传工具。新闻机构是长于宣传的媒介机关，既生产、传播新闻事实信息，又生产、传播意见信息。传者通过新闻媒介、新闻机构生产、传播信息，尤其是寄寓于新闻事实中的意见信息实施有关宣传功能，如实施宣传的维护功能，维护社会稳定；实施宣传的协调功能，阐释传者主张及决策的合理性、正确性、可行性，协调社会各方诉求，推动社会各个方面齐心协力，由思想一致走向行动上的一致；实施宣传的培养功能，壮大社会共识，明确社会规范，强化人们基于社会规范下的自我约束；实施宣传的抵御功能，明确不当思想的落后性、危害性，提高人们的是非善恶美丑的识别能力。

西方社会的主流媒体、新闻机构，如美国的《纽约时报》、《时代周刊》、三大广播电视新闻网与美联社在新闻报道的同时，总是立足于美国主流社会立场，传播美国精神，张扬美国的以基督新教为基础的资本主义

①　中国大百科全书总编辑委员会. 政治学[M]. 北京：中国大百科全书出版社，1992：427.

②　张国良. 新闻媒介与社会[M]. 上海：上海人民出版社，2001：167.

③　[法]克劳德-让·贝特朗. 媒体职业道德规范与责任体系[M]. 宋建新，译. 北京：商务印书馆，2006：3.

伦理的正义性与政治道路的正确性。美国学者迈克尔·舒德森(Michael Schudson)说:"新闻业不能站在政治之外往里看,新闻业本身是政治的一部分。"①新闻传媒总是难免为一定的政治生活服务。

2. 新闻传媒、新闻机构具有强大的舆论功能

舆论(Public opinion),是社会或社会群体对最近发生的、公众普遍关心的有争议的社会问题的共同看法。② 而新闻传媒已经成为现代社会必不可少的信息与社会舆论平台。媒体和新闻机构生产、传播的新闻信息领域广泛,内容新鲜,更替及时,具有折射现实生活的模拟能力,和政治生活发生密切而直接的广泛联系。一方面,通过新闻媒体、新闻机构生产、传播的新闻信息,执政者可以观世俗,察民情,作为决策的重要依据。另一方面,社会成员既是舆论主体,也是舆论客体,通过新闻传媒、新闻机构所生产、传播的新闻信息了解形势,在媒介平台上交流意见,传递一定的价值规范与社会规范,监督、规范人们的行为,尤其是掌握公权力者的公共行为,也校正自己,修正自身,通过与环境的相互作用,走向人的社会化的深层。同时,新闻舆论具有一定的特殊性。新闻舆论,是通过新闻活动表达出来的舆论。③ 一般舆论的形成往往自下而上,而新闻舆论则不然。它既可以自下而上,又可以自上而下,新闻舆论的主体既包括民众,又包括新闻媒体,其自上而下,在于新闻媒介的掌握者。新闻传媒总是难免要进行信息选择,通过信息的生产、议题设置控制公众关注的话题,提供有关方面的意见,或有所突出,有所放大,或有所弱化,有所回避,成为影响舆论走向的重要载体,产生强大的社会影响力。

新闻传媒、新闻机构的这一特点与功能就使得各种社会政治力量千方百计地控制新闻传媒、新闻机构,通过新闻传媒、新闻机构的信息生产、

---

① [美]迈克尔·舒德森. 新闻社会学[M]. 徐桂权,译. 北京:华夏出版社,2010:198.

② 童兵,陈绚. 新闻传播学大辞典[M]. 北京:中国大百科全书出版社,2014:192.

③ 杨明品. 新闻舆论监督[M]. 北京:中国广播电视出版社,2001:7.

流通为自己和自己所在的社会集团的利益服务。美国的报纸《纽约时报》《洛杉矶时报》长期以来分别与美国的民主党、共和党存在密切联系，服务于美国政治制度安排，维护美国社会的稳定。美联社因为国内客户的需求的限制，更偏重于生产、传播新闻事实信息，但其国内主要客户如《纽约时报》、《华盛顿邮报》、《时代》周刊长期偏爱民主党，故也存在欣赏民主党的倾向性。新闻传媒的基本功能是传播新闻信息，并在此基础上影响社会各个阶层人们的思想、情感与行为。一个社会的主要财富不是来自大众传媒业，经济利益从来不是新闻通讯社的第一功能或基本功能。西方社会如此，中国社会更是如此。国家新闻出版署计划财务司副司长孙明说："说到底，我们国家并不指望报业发大财，2000 年全国新闻出版业的总收入，在全国总的财政收入中占不到 0.04%，全国报业有 40% 的亏损面……我们的新闻政策是审慎的……根本目标仍是要保证舆论的导向和党对新闻业的领导。"[①]对于处在新闻信息生产上游的新闻通讯社更是如此。作为社会上层建筑的有机组成部分，作为新闻业的重要新闻机构，美联社、新华社的核心功能是为社会提供信息服务，进行精神文明建设。

（二）新闻传媒离不开政治生活

1. 离不开政治生活具有现实的必然性

新闻传媒、新闻机构在新闻信息的生产、传播过程中最为关注的现实生活领域是政治生活。新闻传媒、新闻机构属于社会上层建筑，基本功能是传播新闻信息，并因而与社会的各种政治力量存在广泛、密切、直接而及时的联系，反映现实，影响现实，不可避免地承担一定的宣传教育功能，在利益格局中有所选择，成为社会舆论机关，为一定的利益集团服务。在现当代社会，新闻传媒、新闻机构既是新闻信息传播平台，又是一种政治生活的工具。这就决定了其势必以生产、传播与政治生活存在联系的新闻信息为重。相较于其他大众传媒，新闻传媒、新闻机构长于生产、

---

① 郎劲松. 中国新闻政策体系研究[M]. 北京：新华出版社，2003：109.

传播与政治生活相关的新闻信息。脱离政治生活进行信息的生产、传播，新闻传媒、新闻机构的存在价值就大打折扣，势必导致其社会影响力的急剧下降。

2. 对政治生活的关注有主次之别

新闻传媒、新闻机构在新闻信息的生产、传播中，可以分为两大区域，一为硬新闻，二为软新闻。其中又以硬新闻为主，软新闻为次。

所谓硬新闻，指的是报道题材严肃，时效性较强，并以政治、经济为主的新闻报道。① 时政新闻、重大新闻、深度报道一般属于硬新闻。硬新闻往往与公共生活、公共利益、政党、政府有直接的关联，现实作用直接，社会影响大，是新闻传媒、新闻机构关于政治生活的新闻信息生产、传播的重点。新闻通讯社更以生产、传播硬新闻为最重要的新闻工作。在西方社会，消息报道往往属于硬新闻。生产、传播硬新闻最能体现新闻通讯社的新闻信息生产优势、竞争优势。所谓软新闻，与硬新闻相对应，是指人情味浓，讲究笔调轻松和可读性的偏于社会生活、消费资讯的新闻报道。② 软新闻是新闻传媒、新闻机构对政治生活关注的次要领域。

软新闻与政治生活的关联较为多样，因文、因国而异。其一，因文而异。在软新闻中，有的与政治生活缺乏明显的联系，往往侧重报道的趣味性、娱乐性，多承担新闻传媒及其新闻机构向受众提供娱乐、休闲的功能；有的与政治生活存有一定的联系，但不紧密、直接；有的则与政治生活联系密切。《一位博导经历的两种自治》③通过一位高级知识分子的国内外生活阅历来反映我国城市社区的公民住宅自治问题。在这位高级知识分子看来，自己留学日本期间，日本住宅小区居民自治程度高，强调自我管理，社会关系较为融洽，社会效果良好。回国后，他在海南小区居住时发现，国内居民公共意识弱、自治能力差、小区管理混乱，业主、物业等各个主体之间协调性不够，社会关系较为紧张。通过新闻报道，记者突出中

① 欧阳明. 深度报道采写概论[M]. 北京：清华大学出版社，2011：34.
② 欧阳明. 深度报道采写概论[M]. 北京：清华大学出版社，2011：34.
③ 蒋昕捷. 一位博导经历的两种自治[N]. 中国青年报，2009-9-9.

国现代化进程中增强公共意识的重要性，凸显公民自治的必要性。这一篇新闻报道的题材属于私人生活空间，离政治生活有一定的距离，但稿件的报道思想却具有社会批判意识，政治色彩还是较为鲜明的。其二，因国而异。西方的印刷媒体、新闻通讯社一般为企业，生存、发展受制于受众、客户，因此它们重视民众接受倾向，故其软新闻与政治生活之间的关系是多样的，相对疏远，也多为间接。西方社会的新闻特稿（Feature）以软新闻为主，但也不乏主流价值观，并容易与政治生活发生联系。美国记者尼尔·夏恩的《"老报童"罗伊去世了》，[①] 报道底特律的卖报老人罗伊去世一事。这篇新闻稿在报道这位小人物时，不乏敬佩之情，通过卖报老人较为丰富的既往的逸闻趣事的穿插，展现了老人的精神境界：罗伊老汉尽管身体屡弱，历尽沧桑，但倔强坚忍，自立自强，无须社会救济而一直独自为生活忙碌、奔波，工作中认真、执着，不为社会增加负担。这篇关于美国社会小人物的报道，在有意无意间突出了美国精神的独立性与这种精神的普遍性、广泛性，内蕴美国社会主流价值取向，在貌似私人的休闲生活空间植入榜样的力量。这篇报道是不缺乏政治取向的。而在中国，凡是具有原创采编合法资格的新闻媒体、新闻机构一律国有，必须接受执政党的领导，尤其是政治领导，注重新闻传媒、新闻通讯社的宣传功能，故中国的软新闻与政治生活之间往往存在着更多较为紧密的联系。《"梁山伯"结婚了》（新华社上海1957年1月8日电稿）、《中国最大的游牧民族走下马背》（新华社呼和浩特1998年1月3日电稿）、《（脱贫攻击）记者手记：羊小平砸缸》（新华社兰州2016年4月7日电稿）选题远离重大的政治事件，但稿件小中见大，在报道新闻事实的同时，又寄寓了对社会主义制度或执政党政策的认同，倾向性是明显的。当前，中国社会转型期间社会矛盾的对抗性、群体性有所扩张，软新闻与政治生活的联系并未弱化。以上考察充分说明新闻媒体、新闻机构与政治生活之间存在广泛而密切的关联。

---

① 曹璐，吴缦. 新闻专稿教程[M]. 北京：中国广播电视出版社，1995：200.

二、政治生活与新华体

政治生活对新华体的作用主要是通过新华社进行的。

首先，新华体是新华社的新闻工作及其新闻报道的综合体现，并通过新华社与社会联系。作为国家新闻通讯社，新华社在中国新闻界的新闻信息生产、传播中具有特殊的地位与强大的原创、整合或协调、统一功能，与国内外社会有着广泛而密切的联系，与中国和世界的政治生活有着直接而密切的联系，在全球新闻资讯的交流场域地位突出，作用巨大，是拥有强大社会影响力的国际性新闻通讯社。新华社的新闻工作是离不开政治生活的，受制于政治生活，并反作用于一定的政治生活。政治生活影响新华社新闻报道的内容，各种政治力量影响新华社的新闻工作，执政党直接领导新华社的新闻工作，新华社本身又是国家政治生活的有机组成部分。中国共产党最高领导人历来都很关心新华社。毛泽东曾亲自指导和修改新华社稿件上百篇。蒋介石发动内战进攻解放区时，毛泽东亲自指导新华社的报道工作，曾写信给陆定一说，当前"我们的文章和新闻立论之重点"，是宣传"我军必胜蒋军必败"。对此方针"请加考虑，并与乔木、光生酌实行"。[①] 党和国家高层领导人邓小平 1984 年 9 月给新华社主办的《经济参考报》题词如下："开发信息资源，服务四化建设。"1991 年，时任中共中央总书记的江泽民视察新华社工作时指出，在国内宣传方面，要引导群众正确地认识国际、国内形势，全面准确地贯彻执行党的基本路线，坚定不移地建设有中国特色的社会主义。对外宣传方面要全面完整地反映中国共产党和中国政府的对内外政策，正确反映社会主义中国在国际上的形象，为国内现代化建设创造一个良好的国际环境。[②] 胡锦涛在担任总书记时于2008 年 9 月 13 日对《新华社 2008—2015 年工作设想》作出重要批示："新华社是国家通讯社，肩负着党和国家赋予的光荣使命和重大职责。希望同

---

① 新华通讯社史编写组. 新华通讯社史(第一卷)[M]. 北京：新华出版社，2010：477.

② 中共中央总书记江泽民视察新华社的讲话[J]. 中国记者，1991(1)：4.

志们坚持正确舆论导向，在创新体制机制、采用先进技术手段、建立高素质队伍、提高采编效率和质量上下工夫，更好地为中国特色社会主义伟大事业服务，为人民服务。"①习近平总书记在新华社建社 85 周年的贺信中指出，新华社是党的新闻舆论工作重镇，要牢牢把握正确政治方向和舆论导向，更好服务于党和国家工作大局。② 显然，中国共产党的最高层领导人对新华社的工作是非常重视和关心的，党中央的领导深刻影响新华社的新闻工作和新闻报道。新华社与政治生活的互动，推动新华社稳健发展，并影响社会变化。新华社由此源源不断地向社会提供新闻信息，表现了新华体的鲜明个性，又为新华体所反作用，稳固新华社的新闻报道风格，并因此作用于国内外的政治生活。

其次，新华体是新华社新闻报道基本思路、认知框架之于客观世界的符号化。作为新华社新闻报道的规律内化，新华体体现出新华社新闻报道规律化的符号体系，其能指与所指经关系系统（R）的意指作用而成为带有新华社鲜明特色的新闻符号，表达层面（E）与内容层面（C）相对应，形成值项（valeur），直指、涵指并作，既报道新闻事实，又常常折射言外之意。比如，新华社的新闻报道《上海严寒》，在不足 300 字的新闻语篇中，既直指上海地区降雪、寒流来袭、气温骤降的新闻事实，又通过背景材料等的安排，突出当地人民群众的幸福生活以涵指社会主义制度好的思想。现实生活、执政党、各种政治力量在与新华社的互动中作用于新华社，成为新华社新闻报道的生活事实来源与作用于新华社新闻报道的强大社会力量。显然，离开新华社，新华体是无从出现的，也无法与社会政治生活发生联系。

新华体通过新华社反作用于政治生活。首先，新华体的自我优化有助于新华社依据规范的新闻话语体系严格恪守新闻真实性原则，在现实条件

---

① 新华社建设 80 周年 [EB/OL]. http：//www.xinhuanet.com/video/xhs80/wz.htm.

② 习近平致新华社建社 85 周年的贺信 [EB/OL]. http：//www.xinhuanet.com//politics/2016-11/05/c_1119856565.htm.

允许的情况下践行新闻专业主义。其次，新华体形成于一定的意识形态，与一定的认知框架密切相关，其内蕴的规范性又会通过新华社的新闻报道反作用于社会，为一定的社会服务，为执政党的执政大局服务。在改革的社会背景和广大新闻工作者的社会责任感的驱使下，新华体朝着做人民群众喉舌的方向有所作为。

执政党通过新华社而对新华体产生的作用是决定性的。作为国家新闻通讯社，新华社由中国共产党领导，接受中宣部的具体指挥，为国务院的工作大局服务，因而执政党的意志、利益是新华社新闻工作的根本性规范。曾经长期担任新华社社长的吴冷西说，新华社的任务是根据党中央、中央人民政府的方针、政策，向全国以至全世界进行新闻报道。[①] 显然，新华社报道什么，怎么报道，其行为框架来自执政党的意志。因此，作为新华社新闻工作及其新闻报道的集中体现的新华体就不能不从根本上受执政党的影响。随着执政党执政能力的提高，新华体的优化势必会得到极大的推动。所以，判断新华体的性质，研讨新华体在实际运用中的得失以及优化问题，忽视社会环境，忽视政治生活，忽视执政党的意志，孤立地品评新华体和新华社，容易背离实事求是精神，也难以避免片面性、情绪化，对新华社的成长，对中国新闻业的发展，对中国社会的进步与社会转型难免产生消极作用。

三、政治生活对新华体的作用

执政党对新华社的控制以践行传媒的政治功能为中心。主要表现为三个方面：一是组织；二是政治立场与思想观念；三是新闻业务指导。

(一)组织：政治生活对新华体的作用之一

执政党对新华社的重要控制是组织环节，并因此间接影响新华体。所谓组织，是由两个以上的人组成的，为实现共同目标，以一定的形式加以

---

① 新华社新闻研究所. 吴冷西论新闻报道[M]. 北京：新华出版社，2005：1.

编制的集合体。① 而政党是代表一定的阶级、阶层或集团利益，旨在执掌或参与国家政权以实现其政纲的政治组织。② 在政治生活中，组织对媒体的作用主要包括三大因素，即机构设置、领导干部任免、传媒体系中的地位。

1. 机构设置

第一，独立建制。中华人民共和国成立后，新华社在机构体制上进行了重大调整，独立建制，作为国家通讯社，成为国家统一的新闻发布机构。1950 年 12 月 2 日，新华社领导韦明在新华社第一次全国社务会议上说："社、报不分，一定会使新华社人员的注意力被吸引在地方报纸上面，从而影响到对全国、全世界的新闻报道。"③第二，国务院直属事业单位。这就决定了新华社的新闻工作必须立足于中南海，具有全国意识、中央的眼界。第三，加强党委对新闻通讯社的指导。1942 年 10 月 28 日，中共中央书记处向中共各中央局、分局发文说："各地中央局、分局对当地通讯社工作……缺乏指导。尚不认识通讯社……是革命政策与革命工作的宣传者、组织者这种伟大的作用。"④党中央对新华社的领导既有原则性，又不乏具体、细致。第四，妥善处理与用户的关系。1956 年 6 月 19 日，刘少奇说："新华社和报纸要搞'合作社'。通讯社的记者可以来做报纸的特约通讯员。""新华社的稿件……要能适合报纸，自然最后是要适合读者的需要。"⑤新华社要通过为报纸等客户新闻传媒提供稿源提升服务水平，同时

---

① 中国大百科全书总编辑委员会. 政治学［M］. 北京：中国大百科全书出版社，1992：620.

② 中国大百科全书总编辑委员会. 政治学［M］. 北京：中国大百科全书出版社，1992：470.

③ 中国社会科学院新闻研究所. 中国共产党新闻工作文件汇编（中）［M］. 北京：新华出版社，1980：131.

④ 中国社会科学院新闻研究所. 中国共产党新闻工作文件汇编（中）［M］. 北京：新华出版社，1980：121.

⑤ 中国社会科学院新闻研究所. 中国共产党新闻工作文件汇编（中）［M］. 北京：新华出版社，1980：380.

在顺应时代变化与媒介融合的走向中适度发展通讯社主办的新闻传媒。

2. 领导干部任免

新华社实行社长负责制。中国共产党章程规定，中共新华社党组由中共中央委员会批准，新华社社长兼任新华社的党委书记，社长、副社长、总编辑、秘书长、党组成员为新华社社级领导成员。① 新华社高层领导干部的任免制度，决定了新华社必须接受中国共产党的领导。

3. 传媒体系中的地位

第一，新华社与中共中央机关报以及中央人民广播电台、中央电视台构成中共中央的新闻及其舆论机构系统。从20世纪40年代初的延安时期开始，中共中央的新闻传媒就是系统的，一般由通讯社与中共中央机关报组成，后加入广播电台。1941年5月15日，时任中共中央最高领导人的毛泽东说："一切党的政策，将经过《解放日报》与新华社向全国宣达。"②此时中共中央的新闻传媒系统主要由新华社与《解放日报》构成。中华人民共和国成立前夕的1949年6月，广播业脱离新华社独立。③ 中华人民共和国在同年10月成立，中共中央的新闻传媒系统调整为新华社与《人民日报》，后又陆续添加了中央人民广播电台、中央电视台。在中共中央的新闻传媒系统中，新华社行使中共中央新闻信息，尤其是重要信息的重要甚至独家发布的结构功能，具有无可替代的独特媒介地位。第二，新华社在中共中央的新闻及其舆论机构系统中位居信息发布最为重要的地位。其一，新华社是中共中央重要的新闻信息生产、传播机构。1987年7月18日，中共中央宣传部、中央对外宣传小组、新华社联合发文说："按照中央的规定，新华社作为党和国家发布新闻的机关，它的一个主要职能就是负责准确地、及时地统一发布党和政府的重大决策、决定、主要文件、重要会议新闻、中央领导人的重要活动和同外宾会见、会谈时发表的涉及国内国际重大问题的谈话、重要人事任免、领导

---

① 冯健. 中国新闻实用大辞典[M]. 北京：新华出版社，1996：596.

② 中共中央文献研究室. 毛泽东新闻工作文选[M]. 北京：新华出版社，1983：54.

③ 屠忠俊. 新闻事业管理[M]. 武汉：武汉大学出版社，2001：24.

人去世等新闻。"①其二，新华社是中共中央发布重要新闻信息的最为重要的新闻机构。1989 年 1 月 28 日，国务院办公厅、中共中央宣传部《关于改进突发事件报道工作的通知》说：恐怖主义行为及重大群众性骚动的报道，重大政治性事件的报道，要严格按照党中央和国务院的处理方针办事，一般由新华社、人民日报、中央人民广播电台、中央电视台报道，必要时由新华社统一发布。② 显而易见，作为泱泱大国的中国国家新闻通讯社，新华社在中国新闻界位高权重，具有重要新闻资讯生产、发布的垄断权，在国内外拥有广泛而强大的社会影响力。

新华体是新华社新闻报道的体现，是新华社的新闻工作者新闻活动的结晶。而执政党对新华社的组织安排，直接影响新华社的新闻报道主体，决定着新华社新闻工作者的结构、规模、主体素养、媒体领导层。新华社新闻工作者的构成与演变成为塑造新华体的直接行为力量，并折射出执政党组织工作的作用。因此，新华体的创新间接受制于这样的组织安排，受制于这种被领导、被制约的权力关系。在新闻改革的过程中，一部分新闻工作者受这种制约关系的束缚，把"规避政治风险"放在首位，谨小慎微，踟蹰不前，客观上造成了主流媒体新闻改革步伐的缓慢。新华社社长蔡名照说，宣传思想战线现在进入了"守正创新"的重要阶段。"守正"，就是坚持新闻报道的党性原则，"创新"，就是根据社会发展大势，解放思想、勇于突破。③ 同时，为了推动新闻改革的深入，中央适度给予媒体建立一定容错机制的权力，客观上有利于新闻改革的决策者和执行者放下后顾之忧，加快改革的步伐。

---

① 中共中央宣传部新闻司，新闻出版署报纸管理司. 新闻法规政策须知［M］. 北京：学习出版社，1994：7.

② 中共中央宣传部新闻司，新闻出版署报纸管理司. 新闻法规政策须知［M］. 北京：学习出版社，1994：31.

③ 蔡名照. 坚持守正创新　增强履职本领　更好地担负起新形势下宣传思想工作的使命任务［J］. 中国记者，2019（1）：8.

(二)政治立场与思想观念：政治生活对新华体的作用之二

1. 新闻报道的党性原则

新华体的党性原则是中国共产党领导下的所有新闻媒体必须遵守的新闻工作的基本原则。所谓党性原则，指的是新闻媒体自觉在政治上坚持党的政治路线，思想上传播马克思主义，组织上接受党的领导。① 新华体的党性原则就是中国共产党的新闻工作原则与新华社的传媒功能、任务的有机结合。邓小平说："思想战线上的战士，都应该是人类灵魂的工程师。"②1980 年 2 月，党的十一届五中全会通过的《关于党内政治生活的若干准则》指出："党的报刊必须无条件地宣传党的路线、方针、政策和政治观点，……绝对不允许在报刊、广播的公开宣传中发表同中央的决定相反的言论……这是党的纪律。"③2016 年 2 月 19 日，习近平在党的新闻舆论工作座谈会上说：坚持党性原则，最根本的是坚持党对新闻舆论工作的领导。党和政府主办的媒体是党和政府的宣传阵地，必须姓党。④ 这就是说，新华社在政治上要与党中央保持一致，思想上要传播以马克思主义为核心的主流价值体系，组织上接受党的领导。新华体的党性原则又是新华社的传媒功能、职责的个性化落实。新华体折射的是中国共产党事业的大局意识、全局视野。1950 年 12 月，时任新华社社长的吴冷西就明确指出："从全国观点来报道群众活动、实际工作和斗争，是我们新华社编辑记者的努力方向。"⑤立足国内外大局进行新闻报道是新华社的一贯追求，是新华体

---

① 欧阳明. 宏观新闻编辑学[M]. 武汉：华中科技大学出版社，2012：45.

② 新华社新闻研究所. 邓小平论新闻宣传[M]. 北京：新华出版社，1998：1.

③ 关于党内政治生活的若干意见[EB/OL]. https：//baike. so. com/doc/5512082-5747844. html.

④ 把握职责目标与方向定位，提高新闻舆论工作质量水平——深刻领会习近平同志新闻舆论工作的重要论述[EB/OL]. http：//www. xinhuanet. com/politics/2016-03/10/c_1118287380. htm.

⑤ 中国社会科学院新闻研究所. 中国共产党新闻工作文件汇编(中)[M]. 北京：新华出版社，1980：121.

特点的具体内容之一。1995 年 4 月，由时任新华社记者的何平等人采写的典型人物报道《领导干部的楷模——孔繁森》有着强烈的时代针对性。改革开放之后的一个时期，一些领导干部，尤其是一些党的高级领导干部将个人的利益凌驾于党的根本利益之上，官僚主义、渎职渎职、兴风作浪，利用党和人民赋予的公权力，进行权钱交易、权色交易，贪污腐败，给党和人民带来不容忽视的伤害。为此，党中央一再强调针对党员干部进行共产主义理想信念教育的必要性与紧迫性。正是在这样的社会政治背景下，新华社在《西藏日报》的配合下，集中表现殉职于中共阿里地委书记任上的孔繁森的高度的社会责任感和全心全意为人民服务的无私奉献精神。中共中央组织部高度重视这篇新闻报道，专门向中共中央汇报，得到中央领导的支持与指示。西藏自治区、山东省的领导同志也审阅了这篇新闻报道，提出了不少修改意见。这篇稿件最后由时任新华社副社长、总编辑的南振中定稿。稿件刊发后，时任西藏自治区党委常务副书记郭金龙说："孔繁森同志去世后，新华社记者是第一个找到区党委提出要大力宣传的。新华社在报道孔繁森事迹中首家向全国发稿，引起了全社会对孔繁森事迹的关注。"①新华社关于孔繁森的报道，说明新华社具有鲜明新华体特色的新闻报道在履行传播新闻信息这一基本功能的同时，又从时代问题入手，与中国的重大政治生活密切相连，与中国共产党新闻工作的党性原则相一致。

2. 新闻的喉舌论

中国共产党的新闻理论认为，新闻媒体要传播党和人民的利益主张，而喉舌论，指的是新闻报道为党和人民的利益采写、传播新闻信息。1956年 5 月 28 日，中国共产党领袖之一的刘少奇曾对新华社的工作进行专门指示说："新闻报道要客观、真实、公正，同时要考虑利害关系，看看对人民和无产阶级事业是否有利。"②新华社的《我三十万大军胜利南渡长江》(新华社长江前线 1949 年 4 月 22 日电稿)、《驯水记》(新华社北京 1974 年

---

① 冯健，李峰. 通讯名作 100 篇[M]. 北京：新华出版社，2000：755.

② 中国社会科学院新闻研究所. 中国共产党新闻工作文件汇编(下)[M]. 北京：新华出版社，1980：360.

10 月 15 日电稿)、《为了周总理的嘱托——记农民科学家吴吉昌》(新华社 1978 年 3 月 14 日电稿》、《加大西部开发力度 我国今年再投三千亿》(新华网成都 2001 年 5 月 10 日电稿)、《关键抉择，必由之路——献给中国改革开放 40 周年》(新华社北京 2018 年 12 月 13 日电稿)等新闻报道，无不立足于中国共产党的立场传播新闻信息。由郭超人采写的《驯水记》系奉命采写，用以庆祝中华人民共和国成立 25 周年，记者"真心实意地歌颂了一个伟大时代的伟大主题——'只有社会主义能够救中国'"。① 而《为了周总理的嘱托——记农民科学家吴吉昌》一文所塑造的先进人物吴吉昌的时代典型意义在于：为科学、为真理而奋斗是优秀共产党员的精神面貌。这样的思想尽管与当时党中央的主要领导人的意见不尽相同，但表达了人民群众的思想感情，体现了时代脉搏。② 国家新闻通讯社的性质与执政党的领导，要求新华社必须做执政党的"喉舌"，努力做好人民群众的"喉舌"，并贯穿于新华体中。这是一个不以人的意志为转移的客观存在。

3. 党的工具论

中国共产党的新闻理论认为，新闻媒体是党和政府管理国家、保障政权正常运转的重要工具。党的工具论，要求新华社要做中国共产党领导国内外工作的信息指挥工具与舆论机关。中共中央领导人对新华社的工作时有具体的指导。如 1958 年 1 月 15 日、同年 11 月，毛泽东对时任新华社社长、《人民日报》总编辑的吴冷西分别说："总编辑是统帅。"③"记者，特别是记者头子，头脑要清楚，要冷静。"④1953 年 2 月 2 日，毛泽东给新华通讯社总社写信，肯定新华社关于河北省农村基层干部违法乱纪的稿件，并将此稿专门下发给中共中央局、分局、省委和市委领导，供各地领导工作参考。⑤ 党的工具论要求新华社既可以是党和政府用以领导的直接工作工

---

① 冯健，李峰. 通讯名作 100 篇[M]. 北京：新华出版社，2000：326.
② 冯健，李峰. 通讯名作 100 篇[M]. 北京：新华出版社，2000：377.
③ 中共中央文献研究室. 毛泽东新闻工作文选[M]. 北京：新华社，1983：203.
④ 中共中央文献研究室. 毛泽东新闻工作文选[M]. 北京：新华社，1983：212.
⑤ 中共中央文献研究室. 毛泽东新闻工作文选[M]. 北京：新华社，1983：248.

具，又可以是党和政府的间接工作工具；既用来指导全局的工作，又用来建构意识形态安全和文化安全。

4. 正面报道观

坚持正面宣传为主的方针是中国共产党新闻理论的有机组成部分，形成对新华社新闻报道的业务指导思想。1989 年 11 月，负责中央宣传工作的中共中央政治局常委李瑞环在《坚持正面宣传为主的方针》讲话中说："新闻报道只有坚持正面宣传为主的方针，才能正确地、充分地发挥引导社会舆论的作用，才能有助于大局的稳定和各种社会问题的解决。"[①]坚持正面宣传为主的方针要求媒体讲求新闻信息的褒贬传播比例，在新闻信息的传播上以褒义信息或中性信息为主，以负面信息为辅，一些不适宜公开刊播的负面新闻稿件可以通过"内参"的形式在组织内部传播。

（三）新闻业务指导：政治生活对新华体的作用之三

作为中国共产党领导的国家新闻通讯社，新华社在党的指导下进行新闻报道。一方面，党和政府为新华社提供新闻报道的条件；另一方面又对新闻报道工作做原则性的指导。1972 年 2 月 21 日，毛泽东主席会见了到访的美国总统尼克松。新华社当天即对该事件予以报道，播发《毛泽东主席会见尼克松总统》[②]一稿，较之美联社 1972 年 2 月 21 日的新闻报道《尼克松到达北京》[③]一稿，新华社的新闻报道有如下特点：一是信源权威、独家而可靠，有中国政府支持，立足本土优势，不像美联社记者仅能依赖机场现场与电视直播画面进行新闻报道。二是言简意赅，体现了中国政府的政治立场。三是新华社在中美最高领导人下午会见的当日即发稿，时效性虽未快至以分计算，但以新华社 20 世纪 70 年代初期所拥有的新闻传播条件，该稿的发稿速度不算慢。而美联社在尼克松到达中国北京机场 2 分钟

---

① 中国社会科学院新闻研究所. 中国新闻年鉴(1990)[M]. 北京：中国社会科学出版社，1991：10.

② 孙德宏. 中国百年新闻经典(消息卷)[M]. 北京：人民出版社，2013：94.

③ 程道才. 中外新闻作品赏析[M]. 北京：中国广播电视出版社，1996：100.

后即发出新闻报道，成为众多在华外媒中头一家发稿的新闻媒体。① 四是记者匿名。40 年后原《工人日报》总编辑孙德宏在主持编写《中国百年新闻经典·消息卷》一书时也无法获知该新闻报道的作者是谁。政治生活，尤其是执政党的领导是影响新华体的重要因素。

四、政治生活与新华体的与时俱进

跨世纪前后，新华体遭遇明显的挑战。一是业界对新华体的质疑是鲜明的。二是受众对新华社新闻报道的一些意见与新华体有着内在联系。新华社的一部分新闻报道，尤其有的通讯报道、述评新闻还存在偏爱抒情、多用高度形容词等不太合乎新闻传播规律与缺少切实满足受众接受偏好的表达倾向。如新华社 2018 年 8 月 20 日由黄小希采写的新闻稿《为新时代新变革凝魂聚力——党的十八大以来宣传思想文化工作述评》第二自然段的第一句："伟大的时代呼唤伟大的精神，伟大的精神推动伟大的事业。"② 一个由两个分句组成的句子用了 4 个高度形容词"伟大的"。这对于读者，即便是知识分子群体的读者，也颇易招致不信任。新华体遭遇的挑战，无论来自主观还是客观，其根本原因在于新华体生存、发展的社会环境发生了重大变化，社会主义市场经济的发展，信息技术的日新月异，为受众获取信息与知情权的践行提供了强大的支持。毫无疑义，社会变迁成为新华社新闻工作调整的重大动因，新华体在必须坚持党性原则的前提下，也面临适度的自我调整、自我改良的必要性、必然性。

新华体的自我调整、自我改良必须与社会实际保持良好的互动，必须在政治生态的社会环境下进行，静止会被动，急躁会失败，与时俱进离不开一定的政治智慧与高度的新闻专业素养。

首先，新闻工作理念的改进。政治学理论认为，权力是政治的核心，

---

① 李老大新闻工作室博客［EB/OL］. http：//blog. sina. com. cn/s/blog-50323bc90100hp8n. html.

② 黄小希. 为新时代新变革凝魂聚力——党的十八大以来宣传思想文化工作述评［EB/OL］. http：//www. xinhuanet. com/zgjx/2018-08/21/c_137406204. htm.

是贯穿政治过程的一条红线。然而，现代社会中权力的运行正变得越来越隐蔽，越来越柔软。如果说暴力是权力的本质，那么，当今更多地表现为话语暴力，不但意在控制他者的身体与行为，而且作用思想，渗透进他者的灵魂。① 由此可见，新华社的新闻工作是需要立场的，坚持党的喉舌与人民群众喉舌的有机统一，坚持党在人民群众根本利益之外没有任何自己的利益原则，维护公共利益，也要避免多数人的信息暴力，维护少数族群的合理合法权益。同时，新华社的新闻报道是需要专业知识与能力的，在新闻业务上，要尊重新闻传播规律，尊重受众的合理信息需求，在服务中引导，比如，在报道关涉尖锐社会矛盾的新闻事件时，注意平衡策略的运用。新华社 2018 年 8 月推出的《深圳佳士公司工人"维权"事件的背后》，② 除开头之外，主体部分由三节组成：一是"事件：工人为'维权'多次非法冲击佳士公司"，记者是有立场的；二是"幕后：'维权'事件愈演愈烈　推波助澜者浮出水面"，报道深圳佳士公司"维权"事件与境外有关，但值得注意的是，报道仅指出幕后支持者为西方非政府组织，并未涉及该非政府组织是否有反华、反共的惯性；三是"思考：合理诉求应及时回应，维权行为应合法合线"，并未对深圳佳士工人"维权"行为全盘否定。较为理性的报道有助于提高新华社报道的信服力。作为主流传媒、新闻机构，应把握受众的结构演变和新媒体高速发展带来的新闻舆论环境的变化，尊重事实，注重讲两面理，从而有益于受众对新闻报道的接受。

其次，加强专业人才队伍建设。一是遴选、培养政治可靠、业务精湛的专业人才队伍。其重点是采编人才、管理人才建设。二是弘扬学习、调查研究之风，在工作中培养人才、考核人才。三是在人才建设上，还可以建立一支由新闻传播学专家组成的新闻通讯社的顾问委员会，定期进行舆情调查、客户调研，为新闻报道提供扎实的对象信息数据。

再次，传媒机构上的调整。改革开放以来，中国正处于社会转型期，

---

① 景跃进. 政治学原理[M]. 北京：中国人民大学出版社，2010：18.

② 新华社记者. 深圳佳士公司工人"维权"事件的背后[N]. 中国青年报，2018-08-27.

面临从既往的农耕社会向现代化社会的转型，作为主流传媒、新闻机构的新华社也面临适度调整的重任。政治学理论认为，现代社会政治活动的主体不再局限于政府及其官员，有关政治力量、利益集团、民众都是政治活动的主体与参与者，许多农耕社会被视作私域的东西已经转化为公共领域。① 执政党要关心、处理社会各个阶层的合理利益诉求，新华社也必须顺势而变。同时，中国共产党的新闻传统是依靠群众。1950 年 12 月 2 日，时任新华社总编辑的吴冷西说："联系群众，联系实际——这是人民新闻的特色，……通讯社也是如此。"②这就要求国家通讯社不能闭门进行新闻报道，在大众传播活动中，应把握社会的整体利益与局部利益之间的平衡，坚持社会主义方向，开阔眼界，适当调整新闻工作思路。一是社委会增加社外的社会力量，这种社外力量以人大代表、政协委员为主；二是编辑部将来自基层的代表请进新华社，听取他们对新华社年度、月度新闻报道计划的意见；三是设立相对独立的受众阅评机构，及时收集受众的意见。这里所说的相对独立是指受众阅评机构不是由新华社或其他新闻传媒控制，而是由相关机关，如中国记者协会、中国社会科学院新闻与传播研究所管理，目的是尽量避免因利益纠葛而对受众阅评产生不良冲击。

第三节　经济对新华体的作用

一、经济与新闻传媒、新闻机构

(一)经济与新闻传媒、新闻机构属于不同的客观存在

经济，有多层含义。一指物质资料的生产、分配、交换、消费等活动；二指社会生产关系的总和，是政治和意识形态等上层建筑赖以树立起

---

① 景跃进. 政治学原理[M]. 北京：中国人民大学出版社，2010：11.

② 中国社会科学院新闻研究所. 中国共产党新闻工作文件汇编（中）[M]. 北京：新华出版社，1980：117.

来的基础。① 本书侧重于后者，并主要由此考察新华体和经济的关系。生产关系，亦称"社会生产关系"，指人们在物质资料的生产过程中相互结成的社会关系。② 换句话说，生产关系是人们在生产过程中因所发生的人与人之间的联系而存在的社会关系。③ 它由三个部分组成：一是生产资料所有制形式；二是各种不同的社会集团在生产中的地位及其相互关系；三是产品分配形式。生产关系与经济基础联系密切。经济基础是一种社会形态中占统治地位的生产关系的总和。④ 这就是说，生产关系的总和，构成社会的经济基础。⑤ 上层建筑，是指建立在一定经济基础之上的制度、设施以及思想体系，主要是指政治、法律制度与设施的总和以及政治思想、法律思想、道德、艺术、宗教、哲学等观点，内容上分政治上层建筑和观念上层建筑两大部分。⑥ 新闻业属于上层建筑，⑦ 新闻传媒、新闻机构则是新闻业的有机组成部分，以集中通过新闻活动进行精神文明建设为中心，新闻报道、新闻评论属于新闻传媒或有关新闻机构面向社会生产的最重要的新闻信息产品。新华体是新华社关于新闻报道的符号化聚集与表现，也属于一定的上层建筑。

(二)经济与新闻传媒、新闻机构及其新闻报道之间的联系

第一，经济基础决定新闻传媒、新闻机构及其新闻活动。作为上层建筑的有机组成部分，新闻传媒、新闻机构及其新闻活动建立在一定的社会

① 辞海编辑委员会. 辞海[M]. 上海：上海辞书出版社，1989：3045.

② 辞海编辑委员会. 辞海[M]. 上海：上海辞书出版社，1989：4524.

③ 蒋学模. 政治经济学教材[M]. 上海：上海出版社，1983：5.

④ 顾雪生，梁光伟. 学习政治经济学之友[M]. 石家庄：河北人民出版社，1983：5.

⑤ 蒋学模. 政治经济学教材[M]. 上海：上海出版社，1983：6.

⑥ 马克思主义哲学编写组. 马克思主义哲学[M]. 北京：高等教育出版社，2009：175.

⑦ 中国社会科学院新闻研究所. 中国新闻年鉴(1993 年)[M]. 北京：中国社会科学出版社，1994：14.

经济基础之上。上层建筑是适应经济基础的需要而存在和发展的。哪种力量在经济领域居于领导地位，哪种力量就必然在新闻传媒、新闻机构领域居于统治地位，并成为对新闻传媒、新闻机构的新闻报道施以深远而长久约束的力量。新华社、美联社作为新闻业的一部分，属于上层建筑，存在于不同的社会经济基础之上，必然为不同的主流社会的利益服务。不同的社会经济基础是造成新华社和美联社新闻报道之间差异的隐在而持久的约束力量。社会主义社会以全民所有制为主体，多种经济成分共同发展。全民所有制在国家经济中居于主导地位，掌握国家经济命脉，控制生产与流通，成为整个国民经济的领导力量，[①] 也成为支配国家通讯社的根本性经济力量。

第二，经济基础决定新闻传媒、新闻机构及其新闻活动的变化，制约新闻传媒、新闻机构及其新闻活动的社会方向。从世界范围内的新闻通讯社发展来看，根据所有制和管理方式不同，新闻通讯社主要可以分为三类：一是私有制，二是国有制，三是公共合作企业性质，有专家认为后者实为集体私有制。[②] 美联社根据《纽约州会员公司法》组建，系非营利的合作型企业，最重要的特点是合作性组织。[③] 2000 年左右，美联社有美国报社会员 1555 家，广播电台、电视台会员 6000 余家。这样的生产关系决定了美联社以会员为主要服务对象，依照服务对象的终端传媒宗旨和任务而开展自己的服务活动。美联社为了报社、广播电台、电视台、新闻杂志、网站等客户的用稿需要而寻求客户需求的公约数。"美联社的使命始终是进行新闻报道追踪"[④]，依美国专家的判断，即"不能根据某种观点或偏见

---

① 蒋学模. 政治经济学教材[M]. 上海：上海出版社，1983：207.

② 魏永征，等. 西方传媒的法律、管理和自律[M]. 北京：中国人民大学出版社，2003：200.

③ ［美］迈克尔·埃默里，埃德温·埃默里. 美国新闻史：大众传播媒介解释史[M]. 展江，等，译. 北京：新华出版社，2001：284.

④ ［美］杰里·施瓦茨. 美联社新闻报道手册[M]. 曹俊，等，译. 北京：中央编译出版社，2014：3.

报道事件"①。新华社在坚持中国共产党领导不变的前提下，以 1949 年 10 月 1 日为界，组织结构、社会功能出现较大的变化。1946 年，在中国共产党尚未取得全国胜利与第三次国内革命战争正在进行时期，中共中央倡导全党办通讯社，建立了新华社的战时体制。中共中央批准的《新华社、解放日报暂行管理规则》规定：新华通讯社、解放日报为中共中央的机关通讯社、机关报；隶属中共中央宣传部，重大问题接受中共中央书记处直接指挥；两机构合设社长一人，总编辑一人；社长在中共中央的指导下负责领导两社事务。② 1949 年 10 月，中华人民共和国成立后，新华社的战时体制已经不能适应社会形势发展的需要，不久即与中共中央机关报分离，转变为国家新闻通讯社。中国共产党取得全国胜利后，由革命党向执政党转化，中国社会由此向社会主义社会转变和推进，这也带来新华社社会职能的调整，但是其基本职能，即中国共产党领导下的新闻机构，根本任务是当好中国共产党的耳目喉舌没有发生变化，并由此决定其新闻报道的基本风格也没有发生根本性变化。

(三)新闻传媒、新闻机构及其新闻活动反作用于经济基础

第一，新闻传媒通过新闻报道等活动为一定的经济基础服务。一定的新闻传媒总是通过新闻报道等新闻活动影响社会舆论，作用于人们的社会活动、思想情感，为主流社会的基本利益服务。新华社如此，美联社也是如此。美联社可以批评总统，但不可能颠覆美国社会的基本结构、反对美国社会的主流价值体系，也不可能动摇美国主流社会的根本利益与长远利益。而新华社的健康发展也需要适应中国社会主义初级阶段的基本特征，并为社会主义经济基础服务。其成功，离不开对社会主义经济基础的良性服务；其起伏跌宕，也与脱离社会主义初级阶段的经济基础而一味主观作

---

① ［美］杰里·施瓦茨. 美联社新闻报道手册［M］. 曹俊，等，译. 北京：中央编译出版社，2014：35.

② 新华通讯社史编写组. 新华通讯社史(第一卷)［M］. 北京：新华出版社，2010：287.

为，人为阻隔新华社与社会经济基础的良性关联有关。

第二，新闻传媒、新闻机构及其新闻活动的基本功能之一是为一定的社会政治服务，而不是直接获取经济利益。其一，新闻传媒、新闻机构及其新闻报道的基本功能是传播信息和建立在传播信息基础之上的社会政治功能。我国学者认为，新闻传媒有六大社会功能，即发布新闻、宣传鼓动、反映民意、传播知识、提供娱乐、推销商品。[①] 以上六大社会功能除推销商品属于传媒的社会经济功能之外，其余五项均属于新闻传媒的社会精神文化功能。在这五项社会精神文化功能中，宣传鼓动、反映民意与政治生活关系密切，必须立足于发布新闻这一社会基本功能之上来发挥作用。西方学者认为，媒体有六大社会功能，分别为观察环境、保证社会信息沟通、了解世界真相、传播文化、提供娱乐、销售。[②] 以上六大社会功能除销售之外，其余五项仍然属于媒体的社会精神文化功能，与政治生活关系密切。具体到仅为新闻传媒一部分的新闻报道，其功能是传播信息、思想教育、传播知识、提供娱乐，着重于精神文明，本身并没有经济功能，不能直接生财。新闻报道广告化，为中西新闻业所共耻。其二，新闻业所能创造的财富在社会总财富中比例甚低。中国税务杂志社的王平在《2007年中国纳税500强排行榜揭晓》中介绍：在2007年度中国独立企业属地纳税五百强行业纳税额中，包括大众传媒业在内的文化、体育和娱乐业仅占0.06%，社会的经济贡献率实在微不足道。[③] 其三，新闻传媒、新闻机构的根本任务在于精神文明建设。报社如此，新闻通讯社同样如此。西方社会亦然。法国学者贝特朗说："传媒业的目的应该是为全体公民服务得更好。"[④]显然，新闻业的根本社会职责是从事精神劳动，进行精神文

① 屠忠俊. 新闻事业管理[M]. 武汉：武汉大学出版社，2001：1.

② [法]克劳德-让·贝特朗. 媒体职业道德规范与责任体系[M]. 宋建新，译. 北京：商务印书馆，2006：10.

③ 王平. 纳税百强说税收贡献，排行榜上见经济变化——2007年度中国纳税百强排行榜分析[J]. 中国税务，2008(10)：62.

④ [法]克劳德-让·贝特朗. 媒体职业道德规范与责任体系[M]. 宋建新，译. 北京：商务印书馆，2006：4.

明建设。因此，在社会主义初级阶段，新闻报道既属于新闻单位生产的信息产品，又属于新闻单位生产的信息商品，但新闻报道却不能够商品化。所谓新闻报道商品化，是指新闻工作及其新闻报道活动无视社会效益而单纯追求经济利益的行为。[①] 其四新闻通讯社的特殊性。新闻通讯社是向其他新闻媒体提供新闻服务的新闻机构，[②] 长期以来着重于做内容供应的批发商，[③] 投资巨大，经济回报却不一定很高，现实的规定性决定新闻通讯社总体上不能完全参与市场竞争。[④] 精神文明建设的根本社会功能决定了新闻通讯社在难以通过市场途径自我良性发展的情况下，需要获取来自国家层面的必要的法规保护。

第三，新闻传媒、新闻机构及其新闻活动对经济基础的反作用以间接为主。其一，一般情况下，新闻传媒并不与社会的经济基础发生直接的关联。一方面，新闻传媒、新闻机构属于上层建筑，主要功能在于建构社会的精神文化，而不是为社会创造物质财富。实际上，在社会总财富中，它们所创造的物质财富比例甚低。正是因为如此，新闻传媒、新闻机构的新闻采编与传媒经营活动必须分开。早在 1868 年，美国新闻工作者达纳（Charles Dana）为《纽约太阳报》（The New York Sun）拟定的 13 条规约中，有一条是新闻与广告分开。[⑤] 1971 年，欧洲共同体六国新闻记者联盟在德国慕尼黑通过的《新闻记者权利和责任国际宣言》中提出："绝不将新闻记者的职业与广告销售人员或产品宣传员的职业相混淆，不得直接或间接接受

---

① 屠忠俊. 新闻事业管理[M]. 武汉：武汉大学出版社，2001：11.

② 唐润华，等. 传播能力再造：新媒体时代的世界性通讯社[M]. 合肥：安徽大学出版社，2012：1.

③ 唐润华，等. 传播能力再造：新媒体时代的世界性通讯社[M]. 合肥：安徽大学出版社，2012：108.

④ 唐润华，等. 传播能力再造：新媒体时代的世界性通讯社[M]. 合肥：安徽大学出版社，2012：105.

⑤ 魏永征，等. 西方传媒的法律、管理和自律[M]. 北京：中国人民大学出版社，2003：326.

广告商的任何命令。"①新闻采编与传媒经营活动相混杂，很容易败坏新闻报道品质，干扰新闻传媒的健康运行。另一方面，新闻传媒、新闻机构的所有制受制于一定的社会主导力量，并反作用于一定的社会经济基础。新闻传媒、新闻机构是通过政治、法律、警察、司法、军队这些政治上层建筑与经济基础发生联系的。新闻传媒、新闻机构，无论是私有制、社会公有制，还是国有制，总是由一定的国家机器直接决定的。英国出版业采取私有制，广电业在20世纪中期采取公营单轨制，均由英国以国会为中心的国家机器所决定，而20世纪50年代及其以后的中国新闻业普遍采取国有制，也是为中国的社会主义制度所决定的。中、英对各自国家传媒业所有制的规定，在于新闻传媒、新闻机构必须服务于一定社会主流阶级或阶层的以经济利益为核心的利益综合体。就新闻媒体、新闻机构本身的制度考察，政治体制的直接制约大于经济体制的制约。显然，一定社会的经济基础，决定该社会的上层建筑，是一个社会新闻传媒所有制的支配性力量。其二，新闻传媒、新闻机构的新闻活动总是无法避免与政治发生联系。社会政治活动总是围绕着特定的利益进行的，经济利益即为其间的核心利益，最为重要，因而新闻传媒、新闻机构为政治服务也就无法摆脱政治背后的经济利益驱动。其三，新闻传媒、新闻机构应该尊重受众与客户，满足受众或客户合理合法的信息、文化需求。对于新闻传媒、新闻机构，受众与客户具有双重性，既是服务对象，又是谋利对象。没有受众、客户，即没有新闻传播效果；没有受众、客户，新闻传媒、新闻机构所生产的信息商品也难以成功流通，商品交换无法顺利进行，传媒的发行收入、广告收入等经济利益难以实现。因此，新闻通讯社在服务中获利，在获利中服务。但是，新闻传媒、新闻机构是不能仅仅将受众与客户作为获取经济利益的对象与途径的。新闻传媒、新闻机构尊重受众与客户，是媒体为人民服务的具体表现，是社会主义初级阶段落实媒体良好传播效果的必然要

---

① ［法］克劳德-让·贝特朗. 媒体职业道德规范与责任体系［M］. 宋建新，译. 北京：商务印书馆，2006：90.

求，其中能够折射出党、政府与人民群众的关系。

二、经济活动对新华体的作用

(一)经济活动与新华体

1. 经济活动与新华体发生联系是间接的

"经济"一词，亦指经济活动，指的是包括物质资料的生产、分配、交换或消费等活动。① 而经济生活，指的是人类围绕经济、经济活动而进行的日常活动。

其一，一般情况下，经济活动不应与新华体直接发生联系，而需经由上层建筑及一定的中介，其中距离新华体最直接也是最近的中介是新闻传媒、新闻机构，具体讲就是采编新闻报道的新华社。《上海严寒》(新华社上海 1957 年 2 月 12 日电稿)、《中共北京市委宣布一九七六年天安门事件完全是革命行动》(新华社北京 1978 年 11 月 15 日电稿)、《从邮局看变化》(新华社乌鲁木齐 1980 年 1 月 17 日电稿)、《县委书记的榜样——焦裕禄》(新华社郑州 1966 年 2 月 6 日电稿)，《领导干部的楷模——孔繁森》(新华社 1995 年 4 月 6 日电稿)体现了新华社新闻报道的一贯追求，坚持新闻的信息传播与教育、引导相统一，离不开国家为新华社经济来源提供的制度保障。而本书第三章的统计数据所显示的美联社有 70% 以上的选题锚定为美国国内，也与该机构的企业性质相关。美联社的客户主要在美国国内，若脱离客户需求安排新闻生产，最终难免出现难以为继的后果。

其二，新闻通讯社的客户长期主要以报社、广播电台、电视台、网站这些传播终端媒介而不是受众本身为主。新闻通讯社处于新闻信息生产上游，以采编为重点，面向报社、新闻期刊社、广播电台、电视台、网站销售所生产的新闻信息产品。有研究指出，新闻通讯社是专门提供新闻信息

---

① 辞海编辑委员会. 辞海[M]. 上海：上海辞书出版社，1989：3045.

的信息产业机构，而不是媒体。① 但新闻通讯社被视作"媒体中的媒体"，我国学界一般把新闻通讯社看作新闻媒介(News Media)的有机组成部分。② 无论如何，报社、广播电台、电视台、网站这些信息传播终端媒介的订户费用，是新华社的重要经济来源，而党和政府从制度安排上给予新华社的财政拨款也是新华社的重要经济来源。毫无疑义，新华社的经济来源，对新华社的新闻报道及其表征的新华体的影响是重大的。

2. 经济活动中的经营间接影响新华体

其一，新华社坚持中国共产党所践行的社会主义方向。1983 年，时任新华社社长的穆青在《建设具有中国特色的世界性通讯社》中说："我们的新闻不是以营利为目的的。"③1985 年 3 月 22 日，穆青又说："历史的使命感与责任心，对党的事业的那种无限忠诚……在我们队伍中间是树立起来了。……对党的事业、革命事业的高度责任心和对人民群众的深厚感情……是我们所要求的最基本的政治素质和思想素质。"④坚持社会主义政治方向，是执政党关于新华社的根本性规定。

其二，国家与行业协会反对经营介入新闻的采编环节。2009 年 11 月，中华新闻工作者协会第七届理事会第二次全体会议通过的《中国新闻工作者职业道德准则》第四条第五款明确规定："严格执行新闻报道与经营活动分开的规定，不以新闻报道形式做任何广告性质的宣传，编辑记者不得从事创收等经营性活动。"⑤这就从制度上杜绝了经济对新闻报道采编业务的介入，避免广告伪装成为新闻报道为一定的经济势力谋取不当利益的行

---

① 唐润华，等. 传播能力再造：新媒体时代的世界性通讯社[M]. 合肥：安徽大学出版社，2012：62.

② 李永健，展江. 新闻与大众传媒通论[M]. 北京：中国人民大学出版社，2003：150.

③ 中国社会科学院新闻研究所. 中国新闻年鉴(1984 年)[M]. 北京：人民日报出版社，1984：106.

④ 穆青. 新闻散论[M]. 北京：新华出版社，1996：331.

⑤ 中国新闻工作者职业道德准则 2009 年修订版[EB/OL]. http://www.chinanews. com/gn/news/2009/11-27/1988722. shtml.

为。新华社必须恪守内外新闻界的职业道德共识。

其三，新华社与传媒经营活动之间的关系是敏感的。中华人民共和国成立之后的 30 年间，除 1950—1957 年有过报业的企业化经营之外，其余时间一律采取投融资体制，国家代替媒体成为投资主体，以高度集中统一的直接控制为主，主要采取指令性计划和行政管理办法，媒体与新闻机构的主要经济收入是国家的直接资助。① 20 世纪 70 年代末期，随着中国实行改革开放的基本国策，媒体开始探索广告等经营活动，上海的《解放日报》1979 年刊发了中国自 1966 年之后的首次广告。② 20 世纪 80 年代中后期，国家开始正式允许新闻传媒从事经营活动。其先行者是出版业。1988 年 3 月 16 日，新闻出版署、国家工商行政管理局《关于报社、期刊社、出版社开展有偿服务和经营活动的暂行办法》，准许出版业中的事业单位性质的报社、期刊社、图书出版社进行企业化管理。不过，这一政策法规并未批准新华社可以从事经营活动。③ 随后，是广播电视业。在经营管理改革中，执政党并未允许广播电视业正式实行企业化管理的体制，但不反对广播电台、电视台从事经济创收活动。④ 国家允许广播电台、电视台为弥补广播电视事业经费的不足，扩大收入范围，保证广播电视事业发展所需要的资金而设置名为"附营单位"的附属经营单位。前国家广电部和财政部曾将广播电视单位的收入划分为 13 类，其中广告收入成为广播电台、电视台预算外资金的主要收入。⑤ 相形之下，报社、广播电台、电视台因为允许经营活动而自 20 世纪 90 年代后期形成了由经营收入供养传媒宣传的局面。其中，大多数党委机关报社走上"独立核算，盈余留用"道路，⑥ 并一直持续到 21 世纪初期。此即所谓"政治家办报，企业家经营"的具体内容。如，

①　赵曙光，耿强. 媒介资本市场[M]. 长沙：湖南人民出版社，2003：5.
②　赵曙光，耿强. 媒介资本市场[M]. 长沙：湖南人民出版社，2003：6.
③　中国中央宣传部新闻局，新闻出版署报纸管理司. 新闻法规政策须知[M]. 北京：学习出版社，1994：233.
④　屠忠俊. 新闻事业管理[M]. 武汉：武汉大学出版社，2001：26.
⑤　屠忠俊. 新闻事业管理[M]. 武汉：武汉大学出版社，2001：26.
⑥　赵曙光，耿强. 媒介资本市场[M]. 长沙：湖南人民出版社，2003：8.

报社普遍实行"小报养大报"的生存、发展模式，即通过以都市报、晚报、晨报为主的市场化程度高的综合性日报，来供养盈利极为有限甚至亏本的党委机关报的传媒自我供养发展模式。有记者介绍，《燕赵都市报》并入河北报业集团后，给作为党报的《河北日报》补充了经济能量，自身在大报的羽翼下也减少了政治风险。[①] 新闻媒体从事经营活动的底线，是确保传媒的社会效益第一。新华社的中国国家新闻通讯社的特殊地位与社会功能，为新华社从事经营活动设置了更高的门槛。但即便如此，新华社在财政拨款的局限性下仍然介入了经营活动。2002 年，沪深两市有 40 多家媒体公司上市，其中就有来自新华通讯社的股东。新华社所属的全资企业中国新闻发展深圳有限公司通过受让法人股的形式成为"赣南果业"的第一大股东。[②] 毫无疑义，充足的经济来源与对根本职责的恪守，有助于保障新华社顺利履行职责，在执政党的领导下为客户服务，为社会服务，维护了新华体的稳定，也在一定程度上推动了新华体的变化。

(二)经济活动对新华体的作用

经济活动对新华体的作用主要体现在两大方面：一是新华社的经济来源；二是为新华社提供经济领域的新闻报道内容。其中，经济活动对新华社的作用以经济来源为主，以经济新闻信息来源为辅。毫无疑义，离开了经济来源，新华社将无法正常运转，由此阻碍了新华体的良性发展；离开了经济新闻信息，新华社将失去一个非常重要的新闻报道领域，新华体的内容势必受到影响。

1. 新华社的正常运转离不开经济支持

作为新闻传媒，新华社的工作主要有三大领域：一是新闻工作，其领导机关为编委会，首领为总编辑；二是经营工作，其领导机关为经营部，首领为总经理；三是党政群行政机关。以上三大领域，都离不开经济支

①　郎劲松. 中国新闻政策体系研究[M]. 北京：新华出版社，2003：108.

②　赵曙光，耿强. 媒介资本市场[M]. 长沙：湖南人民出版社，2003：37.

撑。新华社的新闻报道，不能仅仅依靠编辑部门，还需要来自全社的整体支持。新华社的发展离不开经济支持，新闻采编工作也需要经济支持。一方面，新闻工作涉及人、财、物，项项都需要资金；另一方面，新媒体高速发展带来的挑战与新华社发展为世界通讯社，要求新华社必须有更为充足的经济收入来更新、完善工作设施，吸收、培养人才，从而不愧角色，胜任职责。从 20 世纪 50 年代初到 20 世纪末，新华社仅电讯稿的发稿线路就已经大幅提升，从最初面向中央、省、地报社的三路报，渐次增加广播电台、电视台的四路报，晚报专线的五路报，提供专稿、特稿的六路报，为行业报、专业报、产业报的七路报。① 面对新媒体的高速发展，新华社面临机构上的重大转型：一是定位上转向综合信息的提供商，业务上大力拓展网络业务，手段上持续增加多媒体内容终端，平台上建立大型综合数据库等。在机构的转型驱动下，新华体在有所坚守的同时，又必须有所调整。不变的是国家新闻通讯社的地位与为人民服务的宗旨，变化的是日益发展强大的世界通讯社和具有更强的核心竞争力，以及对公共利益更为切实的关注、深深的人道主义情怀、更为坚定的生态主义立场和更具亲和力、生动性的表达，而这些都离不开雄厚的财力支撑。新华社对外新闻编辑部主任严文斌等人认为，新华社要"探索清晰模式，实现持续赢利"。② 毫无疑义，必要的经济来源是新华社正常运转的物质基础，也是新华体坚守与调整的现实依据。

　　2. 国家财政拨款是新华社的主要经济来源

　　国有企业由国家投资创立，实行经济核算制；事业单位则由国家拨款设置与运行，实行预算管理制。新华社是国务院直属事业单位，经济来源主要为国家财政拨款。一方面，国家可以通过税收、物价等经济杠杆为新华社的经济来源进行法规、政策安排，为新华社的新闻业务提供经济支持与保障。1992 年 9 月 3 日，《中共中央关于加强和改进宣传工作，更好地

---

　　① 唐润华，等. 传播能力再造：新媒体时代的世界性通讯社[M]. 合肥：安徽大学出版社，2012：62.

　　② 刘万永. 融媒时代的新闻采写实践[J]. 新闻爱好者，2015(9)：14.

为经济建设和改革开放服务的意见》中说："国家在编制年度和中长期经济社会发展规划时，要逐步增加对精神文明建设的资金投入。……国家对精神产品要实行差别税率。宣传文化系统的税收和上缴利润原则上要返还宣传文化系统，用于发展宣传文化事业，财政、税收、物价部门应主动会同宣传文化部门研究文化经济政策。"①西方国家新闻通讯社的经济来源途径、模式往往有别于中国，但经由国家的制度安排而获得经济保障则是一样的。在法国，增值税为经济企业交税 18.6%，文化企业则降为 7%，②法国政府每年以新闻订费的形式固定补贴法新社，最高年份曾占法新社总收入的 70% 左右。③美联社的经济收入主要来自成员单位的会员费，收入较为稳定，经济来源模式明晰，但即便如此，仍享受政府安排的税收优惠。另一方面，新华社依照机构内部的制度安排与管理将自身所掌握的财物提供给采编部门用以新闻报道。新华社的采编部门不能从事经营活动，没有新华社的财务支持，采编部门是无法正常开展新闻报道的。因此，国家的财政支持以间接的方式影响新华社的新闻报道，影响新华体。

3. 经济活动是新华社新闻报道的重要领域之一

向社会提供经济新闻信息是新华社新闻工作的重要组成部分，而新华社的经济新闻信息只能够来自以经济活动为中心的社会活动，不能够虚构经济新闻。新华社通过对国内外的经济活动进行真实、及时、连续而大量的报道，向社会广泛发布经济信息，又将社会上各种与经济活动密切相关的活动、需求，尤其是消费需求集中起来，广泛传播，为工商企业和国家经济管理机关提供信息服务，从而对经济活动产生重要的影响。提供经济信息服务，是新华社强大的行业优势，而这些经济新闻报道作为新华体内容的一个重要组成部分，也会对新华体产生一定影响。

---

① 中共中央宣传部新闻局，新闻出版署报纸管理司. 新闻法规政策须知[M]. 北京：学习出版社，1994：232.

② 郎劲松. 中国新闻政策体系研究[M]. 北京：新华出版社，2003：50.

③ 唐润华，等. 传播能力再造：新媒体时代的世界性通讯社[M]. 合肥：安徽大学出版社，2012：28.

三、生产关系对新华体的作用

(一)生产关系与新华体

经济活动受制于一定的生产关系。生产关系分为三个部分：一是生产资料所有制形式；二是各种不同的社会集团在生产中的地位及其相互关系；三是产品分配形式。其中，生产资料所有制形式是生产关系的基础，它决定着生产关系的性质。[①] 不同的生产关系，尤其是其间的所有制决定着经济活动的社会规定性。

首先，社会主义生产关系决定新华社的社会规定性。一方面，社会主义经济条件中最根本的条件是社会主义所有制与社会主义物质基础。[②] 其中，社会主义生产关系，就是社会主义经济制度。[③] 社会主义生产关系的实质是以生产资料公有制为基础，以按劳分配为原则，以劳动者共同占有劳动成果为基本特征，以共同富裕为目标的经济制度。社会主义生产关系，必须坚持社会主义经济中公有制的主体地位。

其次，社会主义物质基础，是社会主义经济制度与之相适应的物质生产力，是社会主义政治制度和经济制度赖以巩固地建立在其上的物质生产条件，是比资本主义更先进的大机器生产。[④] 正是社会主义生产关系决定了新华社的社会主义属性和由此产生的社会功能。

最后，新华社反作用于一定的社会主义生产关系。新华社要为社会主义服务，服务得好，则有益于社会主义生产关系的发展；反之，则有害于社会主义生产关系的格局。

---

① 徐禾，等. 政治经济学名词解释[M]. 北京：人民出版社，1974：14.
② 蒋学模. 政治经济学教材[M]. 上海：上海人民出版社，1983：202.
③ 蒋学模. 政治经济学教材[M]. 上海：上海人民出版社，1983：223.
④ 蒋学模. 政治经济学教材[M]. 上海：上海人民出版社，1983：223.

(二)生产关系对新华体的作用

1. 所有制：生产关系对新华体的作用之一

所有制是新华社承担执政党喉舌功能的基础与关键，体现了新华社成为中国共产党喉舌的必然性。首先，新华社系实行国家所有制的新闻事业单位，所有权属于国家。其次，新华社媒介管理权受制于所有制。作为国家新闻通讯社，新华社实行三位一体的管理模式，即通讯社为国家所有，是政府部门的一部分，由执政党委派领导者，采编业务机构接受领导者管理，所有者、管理者、采编者往往三位一体。① 而西方社会的新闻通讯社则不同。作为合作社企业性质的美联社，是媒体的自愿联合，主要在于行业自我管理，因而必须通过市场获取经济来源。美联社如果不能够向客户提供合格的服务，也就失去了自我生存、发展的主要经济来源。为此，美联社必须严格行业规范，不断提升服务水平，以适应时代需求的变化。社长汤姆·柯里介绍，为了适应新媒体时代，美联社每年仅用于技术上的投入有 3000 万美元。② 显然，美联社是有市场压力的，更为重视市场及其规律，而不能过多倚仗政策支持。再次，新华社具有相对独立的管理权。这个相对独立的管理权，指的是新华社在执政党的指导下从事新闻活动，规范框架内的具体业务活动可以由媒体自己决定。有学者认为，新闻改革并不旨在以一个体制取代另一个体制，更具操作性的办法是在现存的体制框架下引进一些充分体现现存体制之核心原则的新型运作机制。③ 在当前媒体生态环境发生巨大变化，传统主流媒体面临竞争压力和舆论引导压力的情况下，新华社应更新观念，重构新闻话语生产的内部空间，从而有利于

① 魏永征，等. 西方传媒的法律、管理和自律[M]. 北京：中国人民大学出版社，2003：214.

② 唐润华，等. 传播能力再造：新媒体时代的世界性通讯社[M]. 合肥：安徽大学出版社，2012：91.

③ 潘忠党. 新闻改革与新闻体制的改造——我国新闻改革实践的传播社会学之探讨[J]. 新闻与传播研究，1997(3)：66-67.

推动新华体的进一步优化。又次，中国共产党的十一届三中全会之后，新华社经过探索与执政党允许而逐渐开展了一定的经营活动。其一，新华社主办多种自主经营的报刊、图书出版社与文化企业。1998 年，新华社出版报刊 38 种，出版社 1 家，有中国广告联合总公司等多家企业。① 其二，新华社所生产的新闻报道既是产品，又是商品，并通过一定的机构销售。1983 年，新华社有海外用户 1058 家，② 新闻稿件主要通过商品交换方式完成。1998 年，新华社供稿中心与信息中心合并，既全面负责新华社信息的采集、加工，又全面负责信息的包装、销售。③ 其三，新华社在新闻传媒业的新闻主业之外的其他行业从事了一定的经营活动。如，新华社旗下的全资企业中国新闻发展深圳有限公司通过受让法人股的形式成为"赣南果业"第一大股东。④ 其四，新华社也在一定程度上重视经营。新华社实行财政差额拨款，不足经费自收自支。⑤ 这就决定了新华社在经济收入上还有一部分需要自力更生。2012 年 12 月，时任新华社社长的李从军说，新华社"不能只管生产不问市场，只管投入不讲效益"。⑥ 离开必要的经营，新华社就不能正常运行与完满地履行职责。最后，新华社的经营活动是有限的，不能影响主业，即新闻信息的采编。

国家为新华社提供了保护性的经济制度安排。首先，国家对新华社实行预算管理制，⑦ 为新华社的新闻采编与其他业务活动提供了经济上的基本保证。改革开放后，新华社实行财政差额拨款，不足经费自收自支。在中国共产党第十八次代表大会之前，新华社的主要经济收入为：用户订

---

① 屠忠俊. 新闻事业管理[M]. 武汉：武汉大学出版社，2001：262.

② 中国社会科学院新闻研究所. 中国新闻年鉴(1984 年)[M]. 北京：人民日报出版社，1984：106.

③ 屠忠俊. 新闻事业管理[M]. 武汉：武汉大学出版社，2001：363.

④ 赵曙光，耿强. 媒介资本市场[M]. 长沙：湖南人民出版社，2003：37.

⑤ 唐润华，等. 传播能力再造：新媒体时代的世界性通讯社[M]. 合肥：安徽大学出版社，2012：105.

⑥ 新华社新闻研究所. 新媒体发展与现代传播体系建设[M]. 北京：新华出版社，2013：5.

⑦ 屠忠俊. 新闻事业管理[M]. 武汉：武汉大学出版社，2001：20.

费、报刊经营、广告收入、企业上缴利润。① 新华社广东分社周科 2018 年
5 月 11 日下午在武汉向华中科技大学新闻与信息传播学院教授们介绍，党
的十八大之后，党中央要求新华社集中力量践行社会责任，适度减少经营
规模，经济上的不足部分由国家供给。这就是说，国家通过扩大财政拨款
等方式加大了对新华社的经济支持力度。按照传统，国有企业由国家投
资，实行经济核算制，而事业单位由国家拨款设置和运行，实行预算管理
制。② 国家预算是国家的基本财政计划，通过向新华社拨款，为新华社提
供生存、运转的基本物质条件。其次，执政党为新华社独家垄断中国内地
的新闻通讯业务提供了来自国家层面的权力支持。1992 年 2 月 26 日，中
共中央宣传部、中央对外宣传小组《关于加强对使用外国通讯社电讯管理
的通知》中规定："中共中央在建国前夕关于决不能听任西方国家通讯社传
播的通知，中共中央宣传部 1980 年关于美联社等西方通讯社不得在华发展
中国用户的规定，各新闻单位仍应遵照执行……我国其他新闻单位不得直
接向外国通讯社购买新闻……新华社有关编辑部门应杜绝编辑个人利用外
电向各报、台投私稿。"③这就规定了中国的新闻通讯业务市场，外资不能
介入，外国媒体不能介入，新华通讯社对此具有独家垄断地位。再次，新
华社有自己的核心竞争力。执政党支持新华社以国际性新闻通讯社为建设
目标，不断提升全球范围内的资讯传播力与影响力，进一步加强对新华社
获取国内重大新闻，尤其是重大时政新闻提供信源支持的力度，为新华社
提供丰富的独家信源或最早获取信源机会，使新华社夺得新闻之先，从而
有利于新华社成为众多新闻媒介新闻信息之源，打造强大的新闻界"新闻
大动脉"。④ 国家为新华社提供的较为扎实的经济保障，有利于新华社履行

---

① 唐润华，等. 传播能力再造：新媒体时代的世界性通讯社[M]. 合肥：安徽大
学出版社，2012：105.

② 赵曙光，耿强. 媒介资本市场[M]. 长沙：湖南人民出版社，2003：81.

③ 中共中央宣传部新闻局，新闻出版署报纸管理司. 新闻法规政策须知[M]. 北
京：学习出版社，1994：54.

④ 魏永征，等. 西方传媒的法律、管理和自律[M]. 北京：中国人民大学出版
社，2003：195.

职责，建构、优化新华体。

2. 社会地位与分配形式：生产关系对新华体的作用之二

新华社在社会生产中具有间接性，并由此获取重要的社会地位，在分配形式上享有特定的社会制度安排。

首先，新华社在生产关系中的社会地位间接影响新华体。这里的社会地位，是指生产关系中产生的各种不同的社会集团在生产中的地位及其相互关系。[①] 其中的相互关系包括两个方面的内容：一是在直接生产中互相交换劳动；二是在直接生产中互相交换产品。[②] 新华社是国家新闻通讯社，属于上层建筑的有机组成部分，一般情况下不直接从事物质财富的生产，但其在国家信息流通和国际信息交流格局中占据特殊的传媒或新闻机构地位，又有益于我国的包括物质财富生产在内的社会主义建设，并因此成为国务院直属的财政差额拨款事业单位。新华社对重要信息源头的垄断性，使其生产的资讯往往具有珍贵的独家性、高度的权威性，既可以与美联社等外国新闻通讯社、新闻机构进行信息交换，又能面向国内外进行信息产品、服务的售卖，虽然与物质商品生产缺乏直接的联系，但其在社会生产力中的特别作用，与主导性社会关系的密切关联，使其获得主流社会的强力支持，为其获取不俗的经济来源提供了扎实的制度保障。

其次，新华社在生产关系中所具有的分配形式对新华体具有间接的影响。作为国家新闻通讯社，新华社因生产关系的所有制与社会地位而在分配方式上具有特别的优势。一方面，新华社通过国家的制度安排获取一定的国家拨款，成为其主要的经济来源；另一方面，新华社具有强大的信息生产能力，长于国际传播，拥有强大的经济资讯生产能力，所生产、传播的信息广泛、及时、准确、权威，其间的独家、权威资讯，在信息的交易或交换中往往可以获得较为优厚的经济回报。另外，其为国家所允许的经营活动亦能够为新华社获得一定的经济收入。总体来看，新华社除国家财

---

① 徐禾，等. 政治经济学名词解释[M]. 北京：人民出版社，1974：14.

② 顾雪生，梁光伟，等. 学习政治经济学之友[M]. 石家庄：河北人民出版社，1984：15.

政拨款收入之外，还存在新闻供稿收入、资讯服务收入与其他经营收入。其中的资讯收入，一般是采取打包销售形式。

新华社在社会地位与分配形式上的特点，与其社会职责是紧密相连的。这就要求新华社必须做好党、政府和人民的喉舌，履行向国内外提供信息、进行舆论引导等重要的社会职责，并因而规约、调整新华体的规定性与弹性。相比之下，美联社在生产关系中的社会地位、分配形式与新华社是不一样的。美联社由一些新闻媒体发起创建，成员较多，会员媒体既是美联社的老板，又是美联社的客户，具有老板与客户的双重身份。同时，美联社在国内市场上还面临美国的合众国际社与国外有关新闻通讯社等同行的竞争压力，在国际市场上则面临法新社、路透社、共同社等新闻通讯社的挑战，其报道风格不得不考虑受众的需要。因此，新华社在生产关系中的地位与分配方式，对新华体的稳定性与演变有着特殊的、间接而深远的影响。

四、经济生活与新华体的与时俱进

一是坚持社会主义方向，坚持社会效益第一原则。这为社会主义新闻工作的党性原则所规定，新华社不能更动，也无法更动，并将此深深地植入新华体内。

二是妥善处理新闻传媒的社会效益与经济效益之间的关系。首先，大众传媒所生产的新闻产品关键在于信息，是社会主义精神文明建设的有机组成部分，无法摆脱教育、影响社会舆论等社会功能。对此，新闻传媒既要通过必要的行政手段与法律手段确保，又要善于通过市场渠道来实现媒体的社会功能。其次，依靠指令性计划生存、发展的新闻传媒也不能完全无视经济效益，新华社在新闻工作中要避免不必要的浪费，努力减轻国家财政负担。

三是积极探索市场的资源配置作用与坚持社会效益第一原则的正向对接。仅仅依靠指令性计划、行政管理办法管理新闻业，与当下我国新闻业及其新华社的社会功能存在明显的不适应，也无益于社会主义市场经济建设和社会主义事业发展的大局。一方面，单一的计划经济将以大众传媒为中心的人类传播活动范围收窄，有违大众传播的扩散本质；另一方面，社会主义市场经济的确立与发展要求我国新闻业最终还是要建立与其相适应的传媒机制。新华社要在市场经济中发挥好舆论引导功能，当好党、政府和人民的喉舌，必须积极探索和建立与社会主义市场经济环境相适应的传媒机制，促进社会效益和经济效益的统一，促进新华体的优化。

第四节 文化对新华体的作用

一、文化活动对新闻报道的作用

（一）文化与新闻传媒

文化的含义是相当丰富的。其层面由广而狭，可分为三个层次：第一，指人类文明，既包括人类的物质生产及其器物性、实体性成果，也包括人类的精神文化创造及其成果，最为广泛。第二，指人类精神文化方面的创造性成果，居于中间层面。第三，仅指精神文化中的以文学、音乐、美术、戏剧等为主的艺术文化，层面最为逼仄。[1] 作为界定，文化有广义和狭义之别。广义的文化与自然相对，指人类的活动及其固化。文化由人创造，核心是人；文化又是人类社会全部关系的总和，人的自然属性只有在社会中才成为人的主体性。而狭义的文化则是相对于人类社会中的政治、经济结构的文化，专指人类的精神创造活动及其结果，[2] 前述第三层的艺术文化亦在此间。学术界公认的文化观，其认同在多层次文化观的基础上，主要指人类的精神形态、观念形态方面的内涵。[3] 精神心理文化由人类社会实践和意识活动长期孕育而成的价值观念、思维方式、道德情

---

① 金元浦. 中国文化概论［M］. 北京：中国人民大学出版社，2015：3.
② 金元浦. 中国文化概论［M］. 北京：中国人民大学出版社，2015：7.
③ 金元浦. 中国文化概论［M］. 北京：中国人民大学出版社，2015：4.

操、审美趣味、宗教感情、民族性格等构成，是风俗习惯等行为文化的内化方式，下分意识形态、社会心理文化两大部分。精神心理文化内化于人类文化发展的各个层面，积淀于民族文化深层，构成各个民族独特的心理结构，最难以发生变化，其间的核心是思维方式、价值观念和对生活意义的体认。①

中华文化有传统文化和当代文化之别。首先，中华传统文化是具有深厚的历史渊源与历史传递性的中华文化。中华传统文化的基本精神是推动和指导几千年中华文化发展的世界观、人生观和价值观。② 其要点有四：一是刚健有为、自强不息。二是人本主义，即关心现世，远离神鬼教谕，但其所谓人本以社会地位高者为核心，自然体现为君本、父本、夫本，并非平等。三是天人合一。四是讲求礼治精神。③ 与西方文化相较，中国传统文化最突出的特点是世俗性，即关注现世而不是彼岸。《论语·先进》的"未能事人，焉能事鬼"可谓其一次集中的表现。其次，中国当代文化，是由中国传统文化、马列主义文化与西方文化的三元汇聚，但又以中国传统文化为根，以马列主义为思想方向的交融汇通型的中华文化。④ 中华文化既存在一以贯之，坚持质的规定性，如直面现世、重视人世的坚定不移，又具有一定的开放性，在包容中融合异质文化中的积极、合理或现实因素，在丰富中不断增进中华文化的生命力和感召力。

文化与新闻传媒及其新闻报道存在较为密切的关系。首先，新闻事实所包蕴的文化意识制约新闻报道。新闻事实是新闻客观性和主观性的有机统一，报道对象与接受客体均离不开一定的文化积累，一定的文化意识总是以或隐或现的状态伴随着新闻报道的新闻信息交流。在中国社会的人际交往中，同事之间、商贩和客户之间时常以"大哥""大姐"一类相称，并成为我国新闻报道的客观现实，但这样的交流称呼并不合乎西方社会的文化

① 金元浦. 中国文化概论[M]. 北京：中国人民大学出版社，2015：6.
② 金元浦. 中国文化概论[M]. 北京：中国人民大学出版社，2015：65.
③ 金元浦. 中国文化概论[M]. 北京：中国人民大学出版社，2015：67.
④ 金元浦. 中国文化概论[M]. 北京：中国人民大学出版社，2015：10.

习惯，与西方的新闻报道缺乏客观联系，新闻报道总是一定的新闻事实的反映，因此脱离一定的文化背景，新闻传媒及其新闻报道不易发挥新闻应有的感召力和亲和力，传受之间易障碍重重。其次，新闻传媒及其新闻报道的思想、立场，总是难以避免有一定文化背景的存在。中国的新华社、《人民日报》与美国的美联社、《纽约时报》，总是自觉不自觉地以先在的文化框架规约、指导媒体的新闻报道，在新闻报道的内容、形式上有同有异，即便是同题报道也会出现明显差异。如，关于狗伤人的新闻报道，主要出现在中国的新闻传媒上，却很少在西方社会的主流新闻传媒得以一见。美国记者哈克·布拉克笔下《狗王奥斯卡》[①]的狗狗聪明能干、吃苦耐劳，这条爱斯基摩老犬最后出走选择独自告别世界，很有尊严。对狗狗态度的分歧背后，离不开中西方各自的文化传统。新闻传媒及其新闻报道离不开报道主体，报道主体的先在意识框架由个人的国民教育积累与集体的意识形态所建构，其文化习惯在新闻报道中总是有意无意间传播一定的文化信息、文化取向。

除此之外，现代社会的文化生活离不开一定的新闻传媒及其新闻报道。文化新闻是新闻报道的有机组成部分，往往倾向于更为集中地体现一定的文化意识体系。

(二)文化与新闻报道

文化对新闻报道的作用往往既隐蔽又深远。首先，文化意识的作用往往是隐蔽的。文化对新闻传媒及其新闻报道的作用一般伴随政治、经济的力量而行，隐藏在政治、经济力量的背后。国内某网站对一所中学的教师进行人物报道，题目是《龚德凌：爱生如子，扎根乡村，用心育人》，[②] 要意在于该老师对待自己的学生如同对待自己的孩子。这篇人物新闻报道的政治功用是鲜明的，但又交织着中国传统文化对人际关系的特别关注。新

---

① 蓝鸿文. 外国新闻通讯选评(下册)[M]. 北京：长征出版社，1985：292.

② 陶望平. 龚德凌：爱生如子，扎根乡村，用心育人[EB/OL]. http://news. jxntv.cn/2017/0713/8608812.shtml.

闻记者新闻报道所形成的表征，来自一定的行为主体。新闻报道的新闻主体既是个人，又不止于个人，其决定性的行为主体是作为新闻传媒的新华社编辑部及采编人员。其次，文化对新闻媒体及其新闻报道的作用又是深远的。比如，关于教师题材的新闻报道，西方记者与中国报道的新闻主体差异是鲜明的。合众国际社的新闻报道《教师发成绩单，上级指示讲假话》，① 报道美国怀俄明州一所学校的老师接到拉兰明县学区业务通讯，建议教师以委婉方式告知学生家长学生的在校表现，记者在报道中将县学区的建议视作"讲假话"。对于人物报道《龚德凌：爱生如子，扎根乡村，用心育人》所强调的人际关系，西方社会则有自己的价值判断体系。在西方社会看来，老师就是老师，父母就是父母，子女就是子女，用人际关系混同职业责任，势必造成教师职责不明。文化观的作用是深远而强大的。《龚德凌：爱生如子，扎根乡村，用心育人》与《教师发成绩单，上级指示讲假话》的报道主体对报道视角的选取未必有明确的文化意识，不过是按照先在的认知框架选取报道题材，确立报道视角。但这恰恰说明文化意识的潜在甚至终极的决定力量。记者对思想背后的文化因素的调用，往往是无意识的，但集体无意识的力量是文化基因，更难以更动。毫无疑义，我国新闻报道的政治意图、经济推手往往是明确的，但报道主体无形中调用的文化因素则常常为传媒人和背后的控制者无意识支配，但这种集体意识或无意识对新闻传媒乃至于受众影响更为深远，成为左右中西新闻报道差异的重大因素。

二、文化与新华体

(一)文化与新华体的关系

文化与新华体之间是存在一定联系的。

首先，文化作用于新华体，新华体又反作用于文化，两者相互依存，

---

① 黎信. 外国新闻通讯选评(上册)[M]. 北京：长征出版社，1984：321.

相互制约。第一，新华社的新闻报道受制于中国当代与传统，离不开文化潜移默化的影响，并最终外化为新华体。中华文化是新华社记者和编辑立足的现实的文化土壤。新华社记者采写的通讯报道《大山女孩的"校长妈妈"张桂梅》(新华社昆明 2020 年 12 月 10 日电稿)写道："63 岁的张桂梅，被学生亲切地称作'张妈妈'。"是人际关系的亲情化现实，决定了新华社记者自觉不自觉地以亲情化的思维认识问题、表达问题。现实社会的文化，制约着新华社采编的基本思维和表达模式，影响着新华体个性的形成与发展。担任新华社社长 30 余年的穆青 1956 年 11 月 13 日说，面对新闻报道的困难，"解决记者的苦闷，仍然必须从报道思想上着手，首先从思想上把记者武装起来"。① 而新闻工作者的思想离不开文化的滋养。穆青在《谈谈人物通讯采写中的问题》时说："我们的时代，是英雄辈出的时代。……焕发了人民群众从未有过的历史主动性和创造性。他们的优秀品质，集中了我们共产党人的特质，熔铸了我们民族精神的精华。"② 在这里，穆青明确指出新华社记者的思想来源：一是当代来源，着重于马克思主义；二是中国传统文化来源。新华社的思想武装，成为新华体的内在规定性，指导新华社记者的采写，并最终外化为新华体，作用于受众的感官和理智层面。第二，新华体反作用于文化，成为中国共产党经由新华社的社会追求表征。新华社的新闻报道充满时代气息，新华体也显示了中国共产党及其新闻工作者的中国气派。1993 年 1 月，穆青说，要将新华社建设成为"世界性通讯社，'把地球管起来'"，③ 这样的责任感背后离不开中国传统文化"达则兼济天下"的士子情怀。在中国共产党的领导与中华文化的哺育下，新华社的新闻报道讲求准确、权威、朴素、干练，又为新华社及其领导者——中国共产党所规约。而作为新华社精神的集中化，新华体又影响着新华社的新闻报道，便于新华社履行职责。

　　其次，文化对新华体的作用是间接的，文化为主，新华体为次。新华

① 穆青. 新闻散论[M]. 北京：新华出版社，1996：50.

② 穆青. 新闻散论[M]. 北京：新华出版社，1996：173.

③ 穆青. 新闻散论[M]. 北京：新华出版社，1996：520.

体是新华社行业追求的外在表现。离开新闻报道，新华社的行业追求就不会落在实处，新华体就无以外化。一方面，新华社通过规约新闻报道并外化为一定的新华体；另一方面，新华体总是经由新闻报道自我实现，通过政治、经济要素而间接服务社会。在新华体中，文化总难免作用其间，并隐居在政治、经济要素的后面。1972 年 2 月 21 日，毛泽东主席会见到访的美国总统尼克松，新华社的报道《毛泽东会见尼克松总统》言简意赅，立场鲜明，语气平和，不卑不亢。这一篇新闻报道尽管有中美交恶的国际背景，但行文中又无处不见中国传统文化的力道：《论语·学而》篇"有朋自远方来，不亦乐乎"，民间的"伸手不打笑脸人"，源自宋代普济《五灯会元》卷十五的"嗔拳不打笑面"。中国传统文化源远流长，对新华社的新闻报道也有很大影响。前述新华社的新闻报道并未因中美两国交恶20多年而对到访的美国总统怒目相对，也没有通过写作技巧，如在新闻报道中添加20 世纪50 年代初期爆发的抗美援朝战争背景材料来强调，突出中美之间的长期敌对，传统文化对新华体的作用是隐在的，更多是通过思维习惯、思维模式发挥功用。相比之下，倒是美联社的报道未忘恩怨。该社 1972 年2 月 21 日的新闻报道《尼克松到达北京》，① 在报道尼克松总统访华的同时，不忘对比，如"没有像欢迎埃塞俄比亚塞拉西皇帝那样有乐队高奏嘹亮的音乐"，不忘中美两国的敌对历史与现实，如"美国电视评论员说，这'至少是一次冷淡的欢迎'"，"两国尚没有外交关系"。在政治、经济因素的背后，是文化因素的影响。美联社新闻报道视角的选取，西方传统的二元对立思维与性恶论发挥了重要的作用。在二元对立思维与性恶论的支配下，美联社记者很难忽视尼克松访华背景中中美对立的事实。两相比较，可以看出文化对新华体作用的隐在与强大。

再次，作用于新华体的文化是多元素的。有时，作用于新闻报道的文化因素单纯，有时则若干文化因子并作。张严平、李清的《一位老人与300名贫困学生》(新华社天津 2005 年 9 月 28 日电稿) 报道一位叫白芳礼的老

---

① 黎信. 外国新闻通讯选评(上册) [M]. 北京：长征出版社，1984：114.

人用自己蹬三轮车的微薄收入资助贫困学生读书的事迹。老人资助贫困学生读书始自古稀之年，终至 93 岁高龄离世。然而，这位乐于助教的老人"一年四季从头到脚穿的总是不配套的衣衫鞋帽，那都是他从街头路边或垃圾堆里捡来的。他每天的午饭总是两个馒头一碗白开水"。老人将资助贫困学生读书作为个人的梦想，因此"感到目标亮堂"。在新闻报道中，人物的社会地位卑微与目标的神圣，形成鲜明的反差，崇高精神与无私奉献中又不无前人武训的影子，时代精神与传统精神相融合，记者将价值观的普遍性与社会下层民众对光明追求的特殊性有机结合，其社会主义核心价值观体系的时代性与传统性是有机融合的。由此不难看出，新华体与文化之间，新华体往往受制于文化，文化在双方的关系上是主动的。

（二）文化对新华体的力量

文化对新华体的力量，主要在于两个方面。

第一，文化对新闻报道的力量隐在而又强劲。新华社的新闻报道始于中华人民共和国诞生之前的战争时期。《女共产党员刘胡兰慷慨就义》（新华社晋绥 1947 年 2 月 7 日电稿）、《完全粉碎敌进攻计划，我主动撤出延安空城》（新华社延安 1947 年 3 月 20 日电稿）、《中原我军占领南阳》（新华社郑州 1948 年 11 月 5 日电稿）、《北平宣告完全解放》（新华社陕北 1949 年 1 月 31 日电稿）、《我三十万大军胜利南渡长江》（新华社长江前线 1949 年 4 月 22 日电稿）、《我军横渡长江情景》（新华社长江前线 1949 年 4 月 23 日电稿）、《中华人民共和国中央人民政府成立，毛泽东主席宣读中央政府公告》（新华社北京 1949 年 10 月 1 日电稿）报道于国共军事对决时期，一方面坚定中国共产党的政治立场与无产阶级党性原则；另一方面又潜伏着正邪对阵而邪不压正的气概，通过汉贼不两立的视角将报道的基调调整为人民与匪帮的抗争，进而张扬政权更迭的正义性，从而建构了将政治与伦理高度统一的话语体系。新闻报道前台政治观的背后，是文化观及其调适。文化成为新华社新闻报道思想的重要组成部分与影响力量。

第二，文化的力量是深远的，往往跨越具体的新闻报道、时间段。这就是说，在新华社的众多报道中，在新华社不同历史时期的新闻报道中，文化可以超越时间、地点，超越具体时期的政治主张、经济政策而一以贯之。新华社的《我三十万大军胜利南渡长江》（新华社长江前线1949年4月22日电稿）、《我军横渡长江情景》（新华社长江前线1949年4月23日电稿）、《上海严寒》（新华社上海1957年2月12日电稿）、《中共北京市委宣布一九七六年天安门事件完全是革命行动》（新华社北京1978年11月15日电稿）、《从邮局看变化》（新华社乌鲁木齐1980年1月17日电稿）一系列新闻报道，"蒋帮"、"美日反动派"[1]、极左路线等关于对立力量的矮化命名，既传播了政权更迭或最高领导层调整所带来的深刻的社会变化，又潜存着二元对立的时代或历史判断的传统文化惯性及其民族的集体意识。显然，民族的集体意识或集体无意识成为人们习焉而不察的态度，不睁大双眼凝视，则不易发现。文化来源对新华社的新闻报道发挥隐在而强大的力量：一方面，力量是隐的，往往经由集体意识或集体无意识形成决断性冲击；另一方面，力量是强大的，尽管人们难以在短期内察觉、判断，但是文化意识往往对新华社的新闻报道生发重大甚至终极性决断。

三、文化对新华体的两大作用

（一）意识形态：文化对新华体的作用之一

文化对新华体的作用体现着意识形态的社会功能。文化是意识形态的重要组成部分，它不同于政治而产生特别的功用，从一个方面推动意识形态之于新华体的建构。文化观对新华体的作用往往通过新华社进行。新华社不仅是党的喉舌，而且是人民群众的喉舌，应该为人民群众的利益鼓与呼。新华社当代著名记者朱玉说："光做党和国家的喉舌肯定是不够的，记者还有一个最大的责任就是为老百姓呼唤，为老百姓说话。"[2]朱玉既长

---

① 见《我军横渡长江情景》（新华社长江前线1949年4月23日电稿）、《从邮局看变化》（新华社乌鲁木齐1980年1月17日电稿）.

② 黎勇. 真相再报告[M]. 海口：南方日报出版社，2008：109.

于正面报道，又善于进行调查性报道，勇于披露社会的阴暗面。她说："社会需要针砭社会时弊，关注并引发社会热点的新闻作品。"①朱玉新闻报道的主要发稿栏目——新华社的"新华视点"以刊发调查性报道为主，社会影响力颇大，多次获得中国新闻奖的"新闻名专栏"奖。新华社的新闻，无论是正面报道，还是侧重于揭露社会阴暗面的调查性报道，都会服务于党的事业，植根于人民群众的利益。这样的社会责任、政治功用与文化功用是共同存在的。朱玉说："我们现在使用的监督，还是有一种新闻特权的意味在里面。现在的舆论监督，可能更多地被理解为我们的媒体特别是中央级媒体自上而下地对基层的监督。如果说我们有这个权力的话，……是媒体出于自身的社会公器的作用而具备的。既然是社会公器，那么你的权力也不是生而就有的，而是社会赋予你的。"②这就是说，我国的新闻传媒，尤其是中央的主流传媒，如新华社，所具有的新闻报道与舆论监督职能为执政党和广大人民群众所赋予，是一种特殊的公权力，为此，只有为党的事业与人民群众利益服务才是正当的，才具有伦理正义。而舆论监督就是媒体，尤其是作为主流媒体的新华社的一项重要的社会服务本分。2003年2月23日与2004年1月15日，朱玉采写的调查性报道《龙胆泻肝丸——"清火良药"还是"致病"根源?》《一千零四十小时——早产儿氧中毒失明情况调查》分别问世。朱玉以为，记者对社会"更多的是信息提供者，提供了很多社会感兴趣的信息。……有一篇关于早产儿氧中毒的稿子……春节以后，卫生部和中华医学会联合召开了两次专家论证会，专门出台了一个早产儿用氧指南，等于是个行业规范。后来，中华医学会在全国还开展了医师培训"。③ 朱玉采写的调查性报道，题材是负面的，但内容与社会功能却是正能量的，所以新闻稿发表后才会"两三天内连续被500多家报刊采用，创造了新华社'新华视点'开设以来用稿最高纪录"。④ 那么，朱玉为什么

---

①　黎勇. 真相再报告[M]. 海口：南方日报出版社，2008：112.
②　张志安. 记者如何专业[M]. 海口：南方日报出版社，2007：56.
③　张志安. 记者如何专业[M]. 海口：南方日报出版社，2007：61.
④　黎勇. 真相再报告[M]. 海口：南方日报出版社，2008：109.

注重通过调查性报道来进行舆论监督呢？新闻工作者的社会责任感是重要原因之一。朱玉说："我在意稿子的影响力。"①"记者本身就不应该摆架子。"②"一个记者本身的社会责任感，应该是自从踏进记者这个行业，自从拿起这支笔就应该着力培养的东西。"③同时，记者的社会责任感又与媒体，尤其是记者所在媒体息息相关。面对如下提问：舆论监督做得好，是否因为身在新华社这个级别最高的媒体里，在舆论监督上比一般媒体更有权力优势？朱玉以为："应该承认这种现实，肯定是有的。……被调查、被监督部门的领导，不是那么没有政治嗅觉的话，一定会引起高度重视，因为新华社的稿子很有可能动摇他的权力。"④显然，新华社赋予记者更优渥的报道条件，强大的公权力支持也抬高了用稿标准。朱玉以为自己最大的后盾是"记者的责任，另外，新华社是我的后盾"。⑤ 由此不难发现，朱玉的社会责任感来源于中国社会现实、媒体。不过，记者的社会责任感又与传统文化不无关联。对于自己是否具有精英意识，朱玉认为自己"可能有吧。多少觉得，你自己肩负点什么，老觉得你肩膀上还是有点什么东西"。⑥ 这样的思想是有深厚的历史渊源的。《论语·泰伯章》云："士不可以不弘毅，任重而道远。仁以为己任，不亦重乎？死而后已，不亦远乎？"新华社记者的社会责任感不是凭空产生的，中华文化是新华社记者的精神沃土，是新华社培植新华体的社会基础。在以朱玉为代表的一代新华社记者身上，传统文化是他们无法摆脱的先在，是其价值体系的重要精神基础，作用着记者与新华体之间的互动。

(二)精神心理文化：文化对新华体的作用之二

新华社记者的精神心理与文化意识是有密切关联的。

---

①　张志安. 记者如何专业[M]. 海口：南方日报出版社，2007：61.
②　黎勇. 真相再报告[M]. 海口：南方日报出版社，2008：115.
③　黎勇. 真相再报告[M]. 海口：南方日报出版社，2008：109.
④　张志安. 记者如何专业[M]. 海口：南方日报出版社，2007：115.
⑤　黎勇. 真相再报告[M]. 海口：南方日报出版社，2008：114.
⑥　张志安. 记者如何专业[M]. 海口：南方日报出版社，2007：62.

　　首先，精神心理与文化意识的关联具有自觉性。新华社记者进行新闻报道，选取题材，凝练报道思想，无不需要求助于文化。新华社记者穆青等人采写通讯《县委书记的榜样——焦裕禄》时，所聚焦的时代背景是20世纪60年代的时代潮流、矛盾，着力表现中国人民在以为人民服务为根本宗旨的中国共产党的领导下，能够克服一切艰难险阻的主题。这篇报道既洋溢着刚健有为、自强不息的中华文化精神，又将马列主义的世界大同思想与中华传统文化的人本主义有机结合。新华社薪火相传，精神代代接力。30年后，《领导干部的楷模——孔繁森》（新华社1995年4月6日电稿）根据时代变化，将马列主义的为人民服务的宗旨与中华传统文化忠孝观有机结合。其中，在忠于党、忠于人民的"忠"与孝敬高堂老母的"孝"发生冲突而无法两全时，孔繁森选择了党的事业，顾"大家"而舍"小家"，在深明大义的母亲的理解与支持下，给母亲磕过长头后，迅即投身到党所安排的新的工作岗位。在精神心理与文化意识之间寻找正能量，有助于新华社记者提升职业自信，完成繁重的新闻采写任务，生产优秀新闻稿。

　　其次，精神心理与文化意识的关联又具有非自觉性。《县委书记的榜样——焦裕禄》发稿于1966年2月6日。在20世纪60年代中期，当时的党中央强调社会主义社会的阶级矛盾。在这样的社会背景下，新闻稿政治意识与文化意识是相融的。焦裕禄带领县委委员来到河南省兰考县火车站。在火车站候车室，他指着里面的灾民说，"同志们，你们看，他们绝大多数人，都是我们的阶级兄弟"，而焦裕禄的言行与新华社记者的选择、表达是一致的，既讲求政治意识范畴的"阶级"，又重视伦理亲情范围的"兄弟"。在新华社记者的笔下，焦裕禄看望一位无儿无女的老人，他说，"我是您的儿子"，"毛主席叫我看望您老人家"。这一处新闻话语，同样将领导与亲情融汇一处，政治与文化相融，体现了新华社记者善于在新闻报道中将政治与文化高度结合的驾驭能力。新华社记者在新闻报道中对精神心理与文化意识之间关系的处理既是自觉的，又是非自觉的，自觉与非自觉相结合，体现了文化对新华体作用的复杂性。

四、文化与新华体的与时俱进

一是系统性。面对不断变化的世界与正处于社会转型期的中国，新华社对新华体与文化的关系处理，要坚持系统性。在文化的建设与完善上，新华体既需要中国传统文化，也需要马列主义文化，还离不开西方文化。

二是主导性与辅助性并重。坚持马列主义文化的方向性，紧密依托中国传统文化，用西方文化加以丰富。这就是说，在坚持马列主义原则的基础上，发挥中国传统文化的优势，汲取西方文化的营养。

三是进步性。以进步性为核心。首先，坚持社会主义方向，坚持马列主义原则，恪守马克思主义对社会公正的不懈追求，根据时代变化与中国国情对其加以丰富，弘扬中华民族的优秀文化；坚持正面报道与调查性报道相结合，多传播中国共产党人对社会公正的理想追求，褒扬真、善、美，贬斥假、恶、丑，强化报道的时代性、战斗性。其次，吸收中国传统文化的精华，抛弃其糟粕，努力避免其历史局限性。中国传统文化，精华与糟粕并存，其中精华部分有些也需要伴随时代进步予以调整、升华。比如，若处理不当，关于女性的新闻报道会演变为认同女性对男性的依附，与当代追求的女性自立、自强的理念不相符。最后，吸收西方文化的进步内容，剔除其与中国国情与社会公正不一致的东西。

第五节　小　结

本章集中讨论了新华体与社会语境之间的关系。新华体的发生、流动不是孤立的现象，而是受制于我国的政治、经济和文化环境，在一定程度上是对我国政治、经济、文化环境的反映与建构。

政治生活对新华体的作用是直接而密切的。作为国家新闻通讯社，中国共产党直接领导新华社的新闻工作，国家最高领导人亲自指导新华社的工作，新华社本身又是国家政治生活的有机组成部分。新华社在与政治生活的互动中，源源不断地向社会提供新闻信息，表现了新华体的鲜明个性。新华体形成于一定的意识形态，与一定的认知框架密切相关，其内蕴的规范性又会通过新华社的新闻报道反作用于社会，为一定的社会服务，为执政党的执政大局服务。

执政党通过新华社而对新华体产生的作用是决定性的。执政党的意志、利益是新华社新闻工作的根本性规范。新华社报道什么，怎么报道，其行为框架来自执政党。因此，作为新华社新闻工作及其新闻报道的集中体现的新华体就无法从根本上决断于执政党。判断新华体的性质，研讨新华体在实际运用中的得失，忽视社会环境，忽视政治生活，忽视执政党的意志，孤立地品评新华体，容易背离实事求是精神，也难以避免片面性、情绪化，对新华社的成长，对中国新闻业的发展，对中国社会的进步与社会转型也会产生消极作用。

经济基础决定上层建筑。新闻传媒、新闻机构及其新闻活动属于上层建筑。经济基础对新闻传媒、新闻机构及其新闻活动有决定性的影响。社会主义社会以全民所有制为主体，多种经济成分共同发展。全民所有制在国家经济中居于主导地位，掌握国家经济命脉，控制生产与流通，成为整个国民经济的领导力量，成为支配新华社的根本性经济力量。经济活动对新华体的作用主要体现在两大方面：一是新华社的经济来源；二是为新华社提供经济领域的新闻报道内容。毫无疑义，离开了经济来源，新华社将无法正常运转，由此阻碍新华体的良性发展；离开经济新闻信息，新华社势必失去一个非常重要的新闻报道领域，新华体的内容势必会受到影响。

文化与新华体存在一定的联系。首先，文化作用于新华体。新华社的新闻报道受制于中国当代与传统，离不开文化潜移默化的影响，并最终外化为新华体。中华文化是新华社记者和编辑立足的现实文化土壤，对新华社的新闻报道挥发隐在而强大的影响。其次，新华体反作用于文化。作为新华社精神的集中化，新华体又影响着新华社的新闻报道，便于新华社履行职责。

由此可见，新华体之所以表现出"此"特征而不是"彼"特征，与其背后的政治、经济、文化环境有着密切联系，并非孤立地存在或自说自话。新华体是对中国社会环境的反映与建构。

第六章 结 论

综上所述，新华体是新华社在长期的新闻报道中形成的鲜明独特的报道风格，是新华社的精神个性在其新闻报道中的体现，是新华社新闻报道内容与形式透露出来的总体风貌和格调，其背后折射出中国共产党的精神追求。通过新华社的消息、通讯、特写、专访等新闻报道，新华体得以具体表现。

新华体的基本特征是壮美，其壮美的风格是通过其内容和形式展现出来的。新华体的议题内容聚焦国计民生，选题及时、广泛而讲求重大，信源权威；报道立场鲜明，报道讲求新闻客观性和主观性相统一，话语形式与庄肃的内容是谐和的；结构严谨、自然，主导性与多样性相结合；表达方式以叙述为主，说明使用较多，并辅以少量的描写、议论，特别重大、特殊的新闻稿也存在抒情；语言准确、朴素、简洁；文体以消息为主，通讯为辅，并适当使用专访、特写，对外报道注重对特稿的运用。

新华体不是孤立的现象，是一定语境，尤其是社会语境下的产物。新华体受制于一定的社会语境，反映一定的社会现实，又建构一定的社会现实图景。

新华体产生于新华社这一内部环境。作为中国共产党、政府和人民的喉舌与国家新闻通讯社，新华社的机构特征规制了新华体的表征，新华体是对新华社机构特征和团体意识的折射和建构。

而社会的政治环境、经济环境和文化环境，是新华体形成的外部宏观环境。它规制着新华社的内部环境，是新华社新闻话语的社会框架。这一框架隐含并转化在新华社的新闻话语中，通过内容和形式所凝聚的新华体来集中体现。

新华社的新闻话语的社会框架在尊重新闻事实的基础上，主要是通过执政党的意志作用于新华社的新闻话语生产中。因此，新华体也折射出执政党的意志和精神。

把新华体置放在风格理论视阈下关照，透视新华体的本质，解决"新华体是什么"的问题，并通过批评话语分析理论的话语实践向度和社会实践向度解释"新华体为什么是"的问题，是以往研究鲜有的，这也是本书最重要的创新之处。

这些问题的探讨，有益于全面深入系统认识新华体，避免研究的简单化和情绪化。同时，本书的探讨能为优化新华社的新闻工作，优化以新华社、《人民日报》为代表的我国主流媒体的新闻生产与管理提供些许参考。

参 考 文 献

中文论著：

[1]中共中央马克思恩格斯列宁斯大林著作编译局．列宁选集(第4卷)
　　[M]．北京：人民出版社，1960．

[2]马克思．评普鲁士最近的书报检查令[M]//马克思恩格斯全集(第1
　　卷)，北京：人民出版社，1995．

[3]列宁．黑格尔《逻辑学》一书摘要[M]//列宁全集(第38卷)，北京：人
　　民出版社，1986．

[4]中共中央文献研究室．毛泽东文集(第3卷)[M]．北京：人民出版
　　社，1996．

[5]中共中央文献研究室．毛泽东新闻工作文选[M]．北京：新华出版
　　社，1983．

[6]新华通讯社．毛泽东论新闻宣传[M]．北京：新华出版社，2000．

[7]新华社新闻研究所．邓小平新闻宣传[M]．北京：新华出版社，1998．

[8]中共中央文献研究室，中国延安干部学院．延安时期党的重要领导人
　　著作选编(上)[M]．北京：中央文献出版社，2014．

[9]本书编写组．马克思主义哲学[M]．北京：高等教育出版社，2009．

[10]中国社会科学院新闻研究所．中国共产党新闻工作文件汇编(上)
　　　[M]．北京：新华出版社，1980．

[11]中国社会科学院新闻研究所．中国共产党新闻工作文件汇编(下)
　　　[M]．北京：新华出版社，1980．

［12］中共中央宣传部新闻局，新闻出版署报纸管理司．新闻法规政策须知
［M］．北京：学习出版社，1994.

［13］中国大百科全书总编辑委员会《新闻出版》编辑委员会，中国大百科全
书出版社编辑部．中国大百科全书．新闻出版［M］．北京：中国大百
科全书出版社，1990.

［14］中国大百科全书总编辑委员会《政治学》编辑委员会，中国大百科全书
出版社编辑部．中国大百科全书．政治学［M］．北京：中国大百科全
书出版社，1992.

［15］中国社会科学院语言研究所词典编辑室．现代汉语词典［M］．北京：
商务印书馆，2012.

［16］辞海编辑委员会．辞海（上）［M］．上海：上海辞书出版社，1989.

［17］彭克宏．社会科学大词典［M］．北京：中国国际广播出版社，1989.

［18］冯健．中国新闻实用大辞典［M］．北京：新华出版社，1999.

［19］中国社会科学院新闻与传播研究所．中国新闻年鉴2008［M］．北京：
中国新闻年鉴社，2008.

［20］中国社会科学院新闻与传播研究所．中国新闻年鉴2003［M］．北京：
中国新闻年鉴社，2003.

［21］成美，童兵．新闻理论教程［M］．北京：中国人民大学出版社，1993.

［22］李良荣．中国报纸文体发展概要［M］．福州：福建人民出版社，2002.

［23］杨保军．新闻理论研究引论［M］．北京：中国人民大学出版社，2009.

［24］欧阳明．宏观新闻编辑学［M］．武汉：华中科技大学出版社，2012.

［25］欧阳明．深度报道采写概论［M］．北京：清华大学出版社，2011.

［26］曾祥敏，周逵．电视新闻学［M］．北京：中国传媒大学出版社，2015.

［27］李彬．传播学引论［M］．北京：高等教育出版社，1993.

［28］吴庆棠．传媒角色论［M］．上海：上海社会科学院出版社，1999.

［29］黎明洁．新闻写作与新闻叙述：视角·主体·结构［M］．上海：复旦
大学出版社，2007.

［30］刘勇．1978—2008中国报纸新闻文体的嬗变［M］．北京：中国人民大

学出版社，2016.

[31]詹瑛．刘勰与《文心雕龙》[M]．北京：中华书局，1980.

[32]王伯熙．文风简论[M]．北京：中国社会科学出版社，1979.

[33]王之望．文学风格论[M]．重庆：四川文艺出版社，1986.

[34]鲁迅．鲁迅全集(第八卷)[M]．北京：人民文学出版社，1956.

[35]郭绍虞．宋诗话辑佚(下)[M]．北京：中华书局，1980.

[36]蔡仪．蔡仪文集8[M]．北京：中国文联出版社，2002.

[37]童庆炳．文体与文体的创造[M]．昆明：云南出版社，1994.

[38]金元浦．中国文化概论[M]．北京：中国人民大学出版社，2015.

[39]曹顺庆．西方文化概论[M]．北京：中国人民大学出版社，2016.

[40]李泽厚．说巫史传统[M]．上海：上海译文出版社，2012.

[41]蒋学模．政治经济学教材[M]．上海：上海出版社，1983.

[42]景跃进．政治学原理[M]．北京：中国人民大学出版社，2010.

[43]杨海蛟，等．政治主体论[M]．太原：山西教育出版社，2001.

[44]曾国祥．经济体制学概论[M]．哈尔滨：黑龙江人民出版社，1986.

[45]肖力，刑洪儒．中国共产党精神建设研究[M]．北京：光明日报出版
    社，2012.

[46]徐禾，等．政治经济学名词解释[M]．北京：人民出版社，1974.

[47]陈章龙，周莉．价值观研究[M]．南京：南京师范大学出版社，2004.

[48]顾雪生，梁光伟，等．学习政治经济学之友[M]．石家庄：河北人民
    出版社，1984.

[49]丁淦林．中国新闻事业史新编[M]．重庆：四川人民出版社，1998，

[50]吴廷俊．中国新闻传播史稿[M]．武汉：华中科技大学出版社，1999.

[51]郑超然，等．外国新闻传播史[M]．北京：中国人民大学出版
    社，2008.

[52]郑保卫．中国共产党新闻思想史[M]．福州：福建人民出版社，2005.

[53]郑保卫．中国共产党领导人新闻实践与新闻思想研究[M]．北京：中
    国人民大学出版社，2010.

[54]丁柏铨，等．改革开放以来中国共产党新闻思想研究[M]．北京：新华出版社，2006.

[55]万晓红，等．国际新闻媒介[M]．北京：清华大学出版社，2016.

[56]屠忠俊．新闻事业管理[M]．武汉：武汉大学出版社，2001.

[57]郎劲松．中国新闻政策体系研究[M]．北京：新华出版社，2003.

[58]魏永征，等．西方传媒的法律、管理和自律[M]．北京：中国人民大学出版社，2003.

[59]刘国瑛．新闻传媒——制衡美国的第四权力[M]．长沙：湖南教育出版社，2002.

[60]张国良．新闻媒介与社会[M]．上海：上海人民出版社，2001.

[61]孙发友．新闻文本与文化生态——媒介话语的框架性解读[M]．北京：人民出版社，2009.

[62]王武录．党的执政能力建设与党报[M]．北京：中国传媒大学出版社，2008.

[63]新华社新闻研究所．吴冷西论新闻报道[M]．北京：新华出版社，2005.

[64]穆青．穆青论新闻[M]．北京：新华出版社，2003.

[65]穆青．新闻工作散论[M]．北京：新华出版社，1983.

[66]郭超人．喉舌论[M]．北京：新华出版社，1997.

[67]李志英．秦邦宪(博古)文集[M]．北京：中共党史出版社，2007.

[68]范长江．通讯与论文[M]．北京：新华出版社，1981.

[69]新华社新闻研究所．从战略层面竞争——传媒核心竞争力锻造方法[M]．北京：新华出版社，2005.

[70]方政军．新华社产业发展战略研究[M]．北京：新华出版社，2006.

[71]唐润华，等．传播能力再造：新媒体时代的世界性通讯社[M]．合肥：安徽大学出版社，2012.

[72]新华社多媒体数据库(本书新华社实证分析样本均来自该数据库).

[73]LexisNexis 新闻数据库(本书美联社实证分析样本均来自该数据库).

［74］新华通讯社史编写组．新华通讯社史(第一卷)［M］．北京：新华出版
社，2010．

［75］新华社新闻研究所．新华社采编经验选萃［M］．北京：新华出版
社，2000．

［76］新华社国内新闻编辑部．我们的经验(第一卷)［M］．北京：新华出版
社，2001．

［77］刘云莱．新华社史话［M］．北京：新华出版社，1988．

［78］新华通讯社．新华社80年辉煌历程［M］．北京：新华出版社，2011．

［79］新华社总编室．新华社十佳记者编辑作品选(第一辑)［M］．北京：新
华出版社，2010．

［80］新华社总编室．新华社十佳记者编辑作品选(第二辑)［M］．北京：新
华出版社，2010．

［81］新华社70年新闻作品选集(1931—2001)［M］．北京：新华出版
社，2001．

［82］新华社总编室．新华社重大报道精品选［M］．北京：新华出版
社，2009．

［83］新华社新闻研究所．历史的足迹：新华社70周年回忆文选(1931—
2001)［M］．北京：新华出版社，2001．

［84］李大卫，等．百年好文章美联社新闻佳作［M］．长安：陕西师范大学
出版社，2002．

［85］孙德宏．中国百年新闻经典(消息卷)［M］．北京：人民出版社，2013．

［86］冯健等．通讯名作100篇［M］．北京：新华出版社，2000．

［87］黎勇．真相再报告［M］．广州：南方日报出版社，2008．

［88］张志安．记者如何专业［M］．广州：南方日报出版社，2007．

［89］黎信．外国新闻通讯选评(上册)［M］．北京：长征出版社，1984．

［90］程道才．中外新闻作品赏析［M］．北京：中国广播电视出版社，1996．

［91］刘明华，等．新闻写作教程［M］．北京：中国人民大学出版社，2002．

［92］周勇．影像背后网络语境下的视觉传播［M］．北京：中国传媒大学丛

书，2014.

[93] 卜卫. 大众媒介对儿童的影响[M]. 北京：新华出版社，2001.

[94] 林聚任，等. 社会科学研究方法[M]. 济南：山东人民出版社，2004.

[95] 蓝石. 基于变量类型做好统计分析 SPSS 实例示范[M]. 重庆：重庆大学出版社，2014.

[96] 赵曙光，等. 媒介资本市场[M]. 长沙：湖南人民出版社，2003.

[97] 潘煜. 影响中国消费者行为的三大因素[M]. 上海：上海三联书店，2009.

外文论著

[1] Fowler R，Kress G. Language and Control[M]. London：Routledge，1979.

[2] Fowler R. Language in the News：Discourse&Ideology in the Press[M]. Lodon：Routledge，1991.

[3] Fairclough N. Language and Power[M]. Routledge，1989.

[4] Fairclough N. Discours and Social Change[M]. Oxford：Black Well，1992a.

[5] Fairclough N. Critical Language Awareness[M]. London：Logman，1992b.

外文译著

[1] [德]黑格尔. 美学(第一卷)[M]. 朱光潜，译. 北京：人民文学出版社，1958.

[2] [德]黑格尔. 美学(第三卷)[M]. 朱光潜，译. 北京：人民文学出版社，1958

[3] [德]康德. 判断力批判[M]. 邓晓芒，译. 北京：人民出版社，2002.

[4] [德]歌德. 科勒律治，等. 文学风格论[M]. 王元化，译. 上海：上海译文出版社，1982.

[5] [美]威尔伯·施拉姆，等. 报刊的四种理论[M]. 中国人民大学新闻

系，译. 北京：新华出版社，1980.

[6][美]威尔伯·施拉姆. 传播学概论[M]. 陈亮，等，译. 北京：新华出版社，1984.

[7][荷]托伊恩·A. 梵·迪克. 作为话语的新闻[M]. 曾庆香，译. 北京：华夏出版社，2003.

[8][英]诺曼·费尔克拉夫. 话语与社会变迁[M]. 殷晓蓉，译. 北京：华夏出版社，2003.

[9][美]赫伯特·阿特休尔. 权力的媒介[M]. 黄煜，等，译. 北京：华夏出版社，1989.

[10][美]詹姆斯·卡伦. 媒体与权力[M]. 史安斌，等，译. 北京：清华大学出版社，2006.

[11][美]埃德温·拉默里，迈克尔·埃默里. 美国新闻史[M]. 苏金琥，等，译. 北京：新华出版社，1983.

[12][美]杰克·卡彭. 美联社新闻写作指南[M]. 刘其中，译. 北京：新华出版社，1988.

[13][美]杰里·施瓦茨. 美联社新闻写作手册[M]. 曹俊，等，译. 北京：中央编译出版社，2014.

[14][法]克劳德-让·贝特朗. 媒体职业道德规范与责任体系[M]. 宋建新，译. 北京：商务印书馆，2006.

[15][美]迈克尔·舒德森. 新闻社会学[M]. 徐桂权，译. 北京：华夏出版社，2010.

中文论文：

[1]布封. 论风格[J]. 译文，1957(9).

[2]费孝通. 试谈扩展社会学的传统界限[J]. 北京大学学报，2003(3).

[3]改进新闻报道的几点意见[J]. 业务通报，1949(1).

[4]马铁丁. 生动性从何而来[J]. 新闻业务，1961(7).

[5]陈力丹，黄伟. 从"政治化"到"专业化"——新中国60年来新闻文风的

演变[J]. 青年记者, 2009(6).

[6] 洪璟. 简论新闻风格[J]. 池州师专学报, 2004(10).

[7] 周洪林. 中西新闻文本风格比较[J]. 新闻界, 2006(1).

[8] 周东生. 报纸标题风格演变及对策[J]. 新闻记者, 2003(9).

[9] 赵伟东. 谈新闻导语写作的美学风格[J]. 2004(21).

[10] 赵亚丽, 山玉玲. 崔景鹏, 中西方新闻导语风格特色比较[J]. 新闻知识, 2011(12).

[11] 周剑明. 新闻通讯语言风格初探[J]. 山西广播电视大学学报, 2007(5).

[12] 袁颖. 新闻评论的价值定位及语言风格[J]. 新闻窗, 2014(2).

[13] 王君超. 是耶非耶新华体[J]. 报刊之友, 2002(4).

[14] 刘勇. 突破与创新——论郭玲春新闻作品的文体特质及贡献[J]. 重庆工商大学学报(社会科学版), 2014(6).

[15] 黎婉. 日本政治记者的跟班文化与新闻风格[J]. 国际新闻界, 1993(6).

[16] 唐修瑞. 新闻的风格问题[J]. 新闻战线, 1984(6).

[17] 潘忠党. 新闻改革与新闻体制的改造——我国新闻改革实践的传播社会学之探[J]. 新闻与传播研究, 1997(3).

[18] 齐爱军. 新闻文体发展演变的动力机制探讨[J]. 新闻界, 2006(4).

[19] 毛仁兴. 新华体演进探究[J]. 青年记者, 2013(5)(中).

[20] 南振中. 要善于从政治上观察和处理问题[J]. 中国记者, 2001(4).

[21] 南振中. 把"群众需要"作为新闻业务改革的推动力[J]. 中国记者, 2007(3).

[22] 南振中. 把提高舆论影响力作为新闻工作的主线[J]. 中国记者, 2006(3).

[23] 田聪明. 总结经验 继承传统 面向未来 开拓创新 为建设更加强大的世界性通讯社而努力奋斗——在新华社建社 70 周年纪念大会上的讲话[J]. 中国记者, 2001(11).

［24］田聪明．做让党放心、让人民满意的新闻工作者［J］．传媒，2015（12）．

［25］田聪明．关于新时期加强新华社新闻信息报道的若干思考［J］．中国记者，2005（6）．

［26］李从军．提升主流媒体在新兴媒体舆论场的影响力［J］．中国记者，2013（1）．

［27］李从军．为建设世界性现代国家通讯社而努力奋斗［J］．中国记者［J］．2008（11）．

［28］蔡名照．深入推进创新发展　加快建设国际一流的新型世界性通讯社［J］．中国记者，2016（6）．

［29］周芸，吴蕾．从跨体式新闻语言看新闻报道语言风格的形成［J］．学术探索，2009（8）．

［30］林溪声．审视与反思：新中国新闻文体的多重变奏［J］．南京社会科学，2010（4）．

［31］陈子夏．"粉丝"1000万的背后——打造微信舆论阵地的新新"新华体"［J］．中国记者，2017（8）．

［32］吕艺，陈彦蓉．从"新华体"到"新新华体"——浅析新华社报道文风创新的实践与意义［J］．中国记者，2015（10）．

［33］孙樱．从"新华体"变迁看新闻写作创新［J］．军事记者，2013（8）．

［34］岳晓华，蒋娟娟．"新华体"的形成与博古的贡献［J］．中国记者，2013（7）．

［35］邓涛．新华体与中新体新闻写作改革审视［J］．写作，2013（3）．

［36］王立纲．新闻话语方式流变［J］．青年记者，2002（7）．

［37］文有仁．漫议"新华体"［J］．新闻爱好者，2001（5）．

［38］文有仁．新闻文体与发挥喉舌作用［J］．中国记者，1998（12）．

［39］无名氏．新华社基本书体的形成与发展［J］．中国记者，1998（12）．

［40］徐兆荣．接地气 贴民心 转作风——新华社采编业务改文风的实践与思考［J］．新闻与写作，2013（3）．

[41]刘笑盈，付江．世界第一通讯社：美联社[J]．对外传播，2009(5)．

[42]谢延秀．论文体的划分与发展[J]．理论导刊，2008(3)．

[43]芮必峰．新闻生产与新闻生产关系的再生产[J]．新闻大学，2010(1)．

[44]芮必峰．媒体与宣传管理部门的权力关系——以"命题作文"为例[J]．新闻大学，2011(2)．

[45]吴锦才，等．通讯社稿库式发稿机制与采编平台重构[J]．中国记者，2003(2)．

[46]张青青．宣达政令 VS 权力制衡——中西新闻功能之比较[J]．新闻知识，2006(6)．

[47]王君超．是耶非耶"新华体"[J]．报刊之友，2002(8)．

[48]周岩．世界性通讯社垄断竞争概况[J]．新闻大学，1999(2)．

[49]赖荣玉．新华体的建构及其演变探析[D]．南宁：广西大学，2012.

[50]姚晓丹．叙事学视角下的新闻写作创新研究[D]．郑州：郑州大学，2007.

[51]贾品荣．世界性通讯社经营管理研究[D]．武汉：华中科技大学，2009.

[52]吴华清．党报时政新闻话语研究[D]．上海：复旦大学，2012.

[53]张世海．美联社新闻研究[D]．开封：河南大学，2006.

[54]张雅．"新华体"的历史脉络和演进研究[D]．合肥：安徽大学，2015.

[55]杜尚泽．习近平总书记主持召开党的新闻舆论工作座谈会 [N]．人民日报，2016-2-2.

[56]习近平十八大以来关于"新闻舆论工作"精彩论述摘编[Z]．http：//cpc. people. com. cn/xuexi/n1/2016/0225/c385474-28147905. html.

外文论文：

[1]Cheng Zhuqing. An Examination of the First and Second-level of Agenda Building with the Image of China's President Xi Jinping in Xinhua and four U. S. News Outlets. Syracuse University. bMedia Studies，2014.

[2] Xing Guoxin. The Market, the State and the Transformation of China's Propaganda: A Case Study of the Party Media[J]. The University of Regina (Canada), 2005.

[3] Lamont Ian. Making a Case for Quantitative Research in the Study of Modern Chinese History: The New China News Agency and Chinese Policy Views of Vietnam, 1977-1993[J]. Harvard University. bHistory, 2008.

[4] Xin Xin. A Developing Market in News: Xinhua News Agency and Chinese Newspapers[J]. Media Culture & Society, 2006, 28(1): 45-66.

[5] Chengju Huang. From Control to Negotiation: Chinese Media in the 2000s [J]. International Communication Gazette, 2007, 69(5): 402-412.

[6] Jeongsub Lim. Effects of Social Media Users' Attitudes on Their Perceptions of the Attributes of News Agency Content and Their Intentions to Purchase Digital Subscriptions[J]. New Media, 2016, 18(8): 1403-1421.

[7] Ignatius Peng Yao. The New China News Agency: How it Serves the Party [J]. Journalism Quarterly, 1963, 40(1): 83-86.

[8] Roger L. Dial. The New China News Agency and Foreign Policy in China [J]. International Journal, 1976, 31(2): 293-318.

[9] Xin Xin. Popularizing Party Journalism in China in the Age of Social Media: The Case of Xinhua News Agency[J]. Global Media and China, 2018, 3(1): 3-17.

[10] Won Yong Jang, Junhao Hong, Edward Frederick. The Framing of the North Korean Six-Party Talks by Chinese and North Korean News Agencies: Communist Propaganda and National Interests [J]. Media International Australia, 2015, 154(1): 42-52.

[11] Li Zeng, Lijie Zhou, Xigen Li. Framing Strategies at Different Stages of a Crisis: Coverage of the 'July 5th' Urumqi event by Xinhua, Reuters, and AP[J]. International Communication Gazette, 2014, 77(1): 51-73.

附录1 新华社、美联社内容分析编码簿

类目-以每篇新闻报道为分析单元

1. 题目	
2. 日期	年　　月　　日
3. 作者	

	(1) 反映生活领域的广泛性				
	A. 政治新闻	B. 经济新闻	C. 文化新闻	D. 科技新闻	E. 军事新闻
	F. 体育新闻	G. 社会新闻			
	(2) 关注区域的广泛性				
	A. 国内	B. 国际	C. 双边关系	D. 其他	
	(3) 新闻的准确、可靠性				
	A. 新闻基本要素完整		B. 信源权威	C. 报道主体明确	
	(4) 新闻的及时性				
4. 题材	A. 即时新闻	B. 当天报道	C. 翌日报道	D. 三天后报道	E. "近日"之类表述
	(5) 新闻的生动性				
	A. 概括性材料		B. 细节性材料	C. 两者都有	
	(6) 新闻的客观性				
	A. 事实性材料		B. 观点性材料	C. 两者都有	
	(7) 是否有背景材料				
	A. 有		B. 无		
	(8) 背景材料出现位置				
	A. 标题中	B. 导语中	C. 主体中	D. 两个地方以上	

续表

5. 情感基调	(1)是否有倾向性				
	有		无		
	(2)倾向性表现				
	A. 思想		B. 情感	C. 两者都有	
	(3)倾向性表现实体				
	A. 意见	B. 立场	C. 价值体系	D. 以上都有	
	(4)情感倾向性的具体表现类型				
	A. 正面		B. 中立	C. 负面	
	(5)倾向性的思想走向				
	A. 马克思主义思想	B. 政策	C. 中国传统价值观	D. 西方价值观	E. 以上都有
	(6)倾向性冲突				
	A. 有		B. 无	C. 看不出来	
	(7)倾向性冲突的表现				
	A. 具体价值判断之间的冲突		B. 价值观之间的冲突	C. 以上都有	
	(8)思想的价值体系性质				
	A. 积极进步		B. 消极落后	C. 两者都有	
6. 语言	(1)篇幅				
	A. 100 字以内	B. 200~300 字	C. 300~500 字	D. 500~1000 字	E. 1000 字以上
7. 结构	(1)有无标题				
	A. 有		B. 无		
	(2)标题结构				
	A. 单行标题		B. 两行标题	C. 三行标题	
	(3)导语的结构				
	A. 单段落导语		B. 复合导语		
	(4)是否为连续报道				
	A. 是		B. 否		
	(4)连续报道类型				
	A. 系列报道		B. 追踪报道	C. 其他	
	(5)段落结构				
	A.1 个段落		B.2 个段落	C.3 个段落及以上	

类目-以句子为分析单元

1. 题目			
2. 日期	年　　月　　日		
3. 作者			
4. 导语中的句子数量	A. 1 个句子	B. 2~3 个句子	C. 3 个句子及以上

表达方式	类型	A. 叙述	B. 描写	C. 议论	D. 抒情	E. 说明
	数量					

类目-以词汇为分析单元

1. 题目			
2. 日期	年　　月　　日		
3. 作者			
4. 标题中的动词数量	A. 1 个动词	B. 2 个动词	C. 3 个动词	D. 4 个动词及以上

附录 2　新华社、美联社内容分析编码说明

题目

记录新闻报道的标题，包括主题、副题和引题

日期

记录新闻报道发布的具体日期，转换成全数据形式，如 20170728 表示
2017 年 7 月 28 日

作者

直接记录每篇新闻报道作者的中文或英文名字，如果没有作者，不填

---

　　1. 新闻倾向性

　　（1）是否有倾向性，是指一篇新闻作品中是否有作者的爱憎情绪。

　　　　A. 有　　　　　　B. 无

　　（2）倾向性的表现，是指倾向性的表现类型。

　　　　A. 思想　　　　B. 情感　　　　C. 两者都有

　　思想，是指新闻的倾向性来自作者的意见立场和价值体系。

　　情感，是指新闻的倾向性来自作者的兴趣爱好。

　　两者都有，是指新闻的倾向性既有思想方面的也有兴趣爱好方面的。

　　（3）倾向性的表现实体，是指倾向性的具体表现。

　　　　A. 意见　　　　B. 立场　　　　C. 价值观　　　D. 以上都有

　　意见，是人们对事物所产生的看法或想法。

立场，是认识和处理问题时所处的地位和所抱的态度。一般是指阶级立场。

价值观，是指人们对事物的价值判断和观点。

以上都有，是指既有意见立场方面的也有价值观方面的。

(4)情感倾向性的具体表现类型

    A. 正面   B. 中性   C. 负面

正面的新闻报道，是指通篇报道是正面的、积极的，没有贬批之意。

负面新闻报道，是指通篇新闻报道以负面的、消极的或揭露批判为主，贬批态度明显。

中性新闻报道，是指新闻报道客观冷静，没有明显的褒贬色彩。

(5)倾向性的走向，是指倾向性背后的思想依托。

    A. 马克思主义思想   B. 政策   C. 中国传统价值观

    D. 西方价值观   E. 以上都有

(6)倾向性冲突，是指一篇新闻中有一种以上性质相反的倾向性。

    A. 有   B. 无   C. 看不出来

(7)倾向性冲突的表现

    A. 具体价值判断之间的冲突

    B. 价值观之间的冲突

    C. 以上都有

具体价值判断之间的冲突，是指对新闻事实做出的具体的价值判断之间的冲突。

价值体系之间的冲突，是指新闻倾向性的冲突来自不同的价值体系。

(8)思想的价值体系性质，是指支撑倾向性的思想的价值体系性质。

    A. 积极进步   B. 消极落后   C. 两者都有

积极进步的思想价值体系，是指符合历史与社会发展潮流，能推动人类社会进步的思想价值体系。

消极落后的思想价值体系，是指不符合历史与社会发展潮流，阻碍人类社会进步的思想价值体系。

两者都有，指既有积极进步的思想价值体系，又有消极落后的思想价值体系。

---

2. 题材

（1）政治新闻。是指上层建筑领域里的活动。包括政治体制改革，路线方针政策、法律法规的制定和执行，法制、人权、国际政治中的一切活动等。

（2）经济新闻。是指与经济有关的一切活动。

（3）文化新闻。是指文学、艺术、教育等领域里的新动态。

（4）军事新闻。是指国内外一切与军事相关的题材。

（5）体育新闻。包括国内、国际专业团体和群众体育运动的新动向。

（6）科技新闻。是指国内外科学研究领域中的所有新变化、新发展。

（7）社会新闻。是对社会生活、社会现象、社会治安、社会问题、自然现象等方面的具有社会价值的事实的报道。包括社会道德风尚，天灾人祸，人们的衣食住行、生老病死、恋爱婚姻家庭、医疗、保险、就业交通、精神生活、社会活动，社会秩序，社会问题，民事刑事案件，风俗习惯，风土人情，奇闻趣事，自然生态和动态等。

（8）国内新闻。是指发生在媒体所属国家主权领域范围内的新闻。对于新华社来说，发生在中国主权领域范围内的新闻就是国内新闻。而对于美联社来说，发生在美国主权领域范围内的新闻就是国内新闻。

（9）国际新闻。是指发生在媒体所属国家主权领域范围外的新闻。

（10）双边关系。是指新闻事实发生在两国或者多个国家之间。

（11）新闻基本要素完整。是指新闻的 5 要素：时间、地点、事件、人物、原因全部具备或者具备前 4 个要素或前 3 个要素。

（12）信源。就是消息的来源，是指在新闻引述中提及的个人或机构。

（13）报道主体明确。是指新闻稿有具体的报道者，且报道者用的是真实姓名，而不是笔名，比如新华社记者杨云等。

（14）即时新闻。指与新闻事实发生时间同时或者一个小时内报道出来的新闻。

（15）当天报道。指在新闻事实发生当天就报道出来的新闻。

（16）翌日报道。指在新闻事实发生第二天报道出来的新闻。

（17）三天后报道。指在新闻事实发生三天后报道出来的新闻。

（18）"近日"之类表述。是指新闻报道没有具体的新闻事实发生时间，而是用"近日""近期""日前"等模糊时间表述。

（19）概括性材料。是指简明扼要的梗概性材料。

（20）细节性材料。是指描写细致具体的材料。

（21）事实性材料。是指由事实构成的材料

（22）观点性材料。指由观点和看法构成的材料。

（23）背景材料。是指说明新事实的旧事实。如果新闻稿中有背景材料，就选择有。否则，就选择无。如果有背景材料，背景材料出现在新闻稿中的哪个位置就在相应的选项标注。比如背景材料出现在标题中，就在"在标题中"标注，以此类推。如果背景材料在新闻稿中出现的位置，在标题、导语、主体其中的任何两个地方以上，就在"两个地方以上"标注。

---

3. 语言

（1）篇幅

　　A. 100 字以内　　　B. 200~300 字　　　C. 300~500 字

　　D. 500~1000 字　　E. 1000 字以上

（2）标题中的动词数量

　　A. 1 个动词　　　　B. 2 个动词　　　　C. 3 个动词

　　D. 4 个以上动词

（3）导语的句子数量

　　A. 1 个句子　　　　B. 2~3 个句子　　　C. 3 个句子以上

---

4. 结构

（1）有无标题

　　A. 有　　　　　　　B. 无

（2）标题结构

　　　A. 单行标题　　　　　B. 两行标题　　　　　C. 三行标题

单行标题，是指只有一行主标题。

两行标题，是指一行主标题带上一行眉题或副标题。

三行标题，是指眉题、主标题和副标题兼备的标题。

（3）导语结构

　　　A. 单段落导语（指位于消息的开头部位，由一个自然段落构成的
　　　　导语）

　　　B. 复合导语（指由两个自然段构成的导语。第一段虚写，造成悬
　　　　念，吸引读者；第二段实写，抖开包袱，说明"何事"）

（4）历时结构，即新闻报道以时间为顺序分成有序的一个个部分。该
类项分两步考察：

第一步是否为连续报道，变量为：A. 是　　　B. 否

第二步连续报道类型，变量为：

　　　A. 系列报道（指围绕某一新闻主题，从不同侧面所作的多次、连
　　　　续的报道）

　　　B. 追踪报道（指对一件事情不断地进行报道，找出解决这个问题
　　　　的缘由）

　　　C. 其他（上述两类报道之外的其他连续性报道）

（5）段落结构

　　　A. 1 个段落　　　　　B. 2 个段落　　　　　C. 3 个段落及以上

---

5. 表达方式

（1）叙述。就是作者对事物的发展变化等所作的叙说和交代。

（2）描写。就是用具体生动的语言把人、物的特点详细描写出来，使
受众如身临其境一般，受到强烈的艺术感染。

（3）抒情。就是作者对写作客体抒发内心的感情。与叙述比较，抒情
具有个性化、主观化等特点。

（4）议论。是作者对写作客体发表意见，表明看法，主观色彩较强。

（5）说明。是用简洁概括的语言把事物的性质、功能、形状等介绍清楚的表达方式。

后　记

本书是在我的博士学位论文基础上撰写的。从开始关注这个选题到成书，前后有 8 个年头。这 8 年，正是中国传媒业在数字技术的推动下，转型发展的 8 年。新华社身处该浪潮中，坚持守正创新，在传播技术、传播渠道、传播手段等方面都应时而变、与时俱进。作为一个观察者，我有幸目睹了传媒生态的时代变迁，同时由于近距离、无时间差的考量也使本研究不可避免留有盲点和不足。

2014 年我进入华中科技大学新闻与信息传播学院攻读博士学位，有幸拜在欧阳明教授门下，度过人生和学术生涯的重要时期。恩师渊博的学识、高尚的人格、严谨的治学态度都使我受益终生。在博士论文创作过程中，欧阳老师对论文的选题、材料的搜集、论文的写作等方面提出了宝贵意见并给予最大限度的指导。尤其是论文第五章，老师更是倾尽心血，给予的指导细致到遣词造句等。在人生旅途迷茫时，老师用长者的睿智为我指明前进的方向；在论文创作出现困惑时，老师以高屋建瓴的解析为我指点迷津；在生活中遇到困难时，老师鼎力相助，让我重拾信心和勇气。老师是学术上的严师，生活中的慈父，如烛光照亮我人生的道路，如灯塔指引我前进的方向，如火焰给我以光明和温暖，没有恩师的教导就不会有论文的完成，更不会有本书的问世。师恩如山，无以言表！

感谢张明新教授、刘洁教授、石长顺教授、余红教授、唐海江教授、何汇江教授等，他们在论文选题、材料搜集、数据分析过程中给予了我很多建设性意见。

感谢我的同学张雯、杨道、方晨等在写作过程中给予的无私帮助。

　　武汉大学出版社的编辑对此书的出版给予了极大的关怀和支持，才使该书有幸和读者见面，一并感谢。

　　拙作付梓，是过去 8 年研究经历的归结，更意味着未来的开始。

　　由于才疏学浅，本书尚有粗浅、疏漏和不足之处，敬请批评指正。

李建波

2023 年 1 月于郑州